CONTEMPLANDO CON FILOSOFI ANTICHI

Loyev Books

CONTEMPLANDO CON FILOSOFI ANTICHI

Un approccio "Deep Philosophy" ai pensatori del passato

Ran Lahav

Design e disegni di Karin Fechner

Prefazione di Filippo D'Andrea

Traduzione di Filippo D'Andrea con Stefania Giordano

Loyev Books
Hardwick, Vermont, USA
https://dphilo.org/books

Titolo originale inglese: *Contemplating with ancient philosophers*

(Loyev Books, 2023)

Traduzione dall'inglese di Filippo D'Andrea con Stefania Giordano

Text Copyright © 2023 by Ran Lahav

Drawings Copyright © 2023 by Karin Fechner

All Rights Reserved

ISBN-13: 978-1-947515-18-5

Loyev Books

1165 Hopkins Hill Rd., Hardwick, Vermont 05843, USA

https://dphilo.org/books

Indice

PREFAZIONE - Filippo D'Andrea	vii
INTRODUZIONE: Dialogando con filosofi antichi	1
Parte A: I FILOSOFI PRE-SOCRATICI	3
Capitolo 1: I filosofi di Mileto: le teorie	4
Capitolo 2: Eraclito – tutto cambia	13
Capitolo 3: Parmenide – l'essere è uno	21
Capitolo 4: Empedocle – amore e conflitto	29
Capitolo 5: Anassagora – la mente cosmica	37
Capitolo 6: Democrito – tutto è fatto di atomi	45
Capitolo 7: I sofisti – la verità è relativa	53
Parte B: I FILOSOFI ATENIESI	61
Capitolo 8: Socrate – la cura dell'anima	62
Capitolo 9: Platone – i livelli dell'amore	70
Capitolo 10: Aristotele – fioritura	78
PARTE C: I FILOSOFI ELLENISTICI	85
Capitolo 11: Epicuro – veri e falsi bisogni	86
Capitolo 12: Gli stoici – il mio vero io	94
Capitolo 13: IL neoplatonismo – il divino dentro	103
Capitolo 14: Gli scettici – posso essere sicuro?	112
NOTE	120

Loyev Books

PREFAZIONE

Filippo D'Andrea

Con enorme piacere ho fatto questa seconda traduzione a Ran Lahav dopo "Contemplazione filosofica. Teoria e tecniche del contemplativo", Loyev Ed., Vermont 2018.

Nelle sue opere la filosofia viene intesa come permanente osservazione ed esplorazione della propria interiorità ed interiorità profonda, e del rapporto con gli altri ed il mondo prossimo e globale. E questo, in continua contemplazione esistenziale, spirituale ed etica dentro una traiettoria di crescente illuminazione. La filosofia, dunque, disegna e nutre uno stile di vita, in un cammino psicagogico che orienta l'anima, l'intelletto, la ragione, in definitiva la persona nella sua integralità.

Ma, toccando una dialettica a fiamma alta, il discorso filosofico come sistema logico razionale e la filosofia come formazione dell'uomo, possono dialogare senza escludersi, anzi arricchendosi vicendevolmente. L'opinione di Ran Lahav mi conforta in questo senso. Infatti, alla domanda: "Pensa che la filosofia accademica sia coerente con la consulenza filosofica? La filosofia accademica può essere rilevante per persone che stanno cercando una riflessione che non possono trovare nella psicoterapia o altrove?", egli risponde nel modo seguente: "Sì, penso di sì, ma solo se la filosofia accademica sviluppa una nuova visione della natura e del ruolo della filosofia e del filosofare. Questa nuova filosofia non deve essere sulla vita, ma con la vita: non deve occuparsi della vita dall'esterno, ma deve essere intrecciata con la vita. Solo allora la filosofia accademica e la consulenza filosofica si incontreranno".[i]

Questo libro è una significativa proposta sulla contemplazione dei filosofi antichi e ritengo pertinente citare Pierre Hadot a proposito della lettura contemplativa, e precisamente dei testi dei primi pensatori: "fermarci, liberarci dalle nostre preoccupazioni, ritornare a noi stessi, lasciare da parte le nostre ricerche della sottigliezza e dell'originalità, meditare con calma, ruminare, lasciare che i testi ci parlino".[ii]

Lavorando su questo terreno e con questa metodologia, percorriamo la via della nostra dimensione spirituale, colta nel suo fondamento antropologico fatto di intelletto, coscienza morale e tensione etica. Trovo una certa sintonia, e più ancora empatia, tra la contemplazione di Lahav e l'esercizio spirituale di Hadot che s'incrociano come pratica "destinata ad operare un cambiamento radicale dell'essere".[iii]

Il filosofo è chiamato a unire, a tessere armonia tra il suo discorso filosofico e la sua concreta esistenza e in questo orizzonte egli diviene il ri-creatore della vita, il suo discorso parla alla sua profonda interiorità e dipinge un nuovo stile di vita, più prossimo al vero umano, coi colori del suo discorso interiore.[iv]

Scrive bene Arnold I. Davidson quando afferma che "nell'ottica di Hadot la filosofia non è soltanto una disciplina accademica, ma una pratica che riguarda quanti di noi

---

i. Ran Lahav, *Comprendere la vita. La consulenza filosofica come ricerca della saggezza*, Apogeo, Milano 2004, p. 161.
ii. Pierre Hadot, *La philosophie comme manière de vivre*, Albini Michel, Paris 2001, p. 102.
iii. Idem, *Che cos'è la filosofia antica*, Einaudi, Torino 1998, p. 171.
iv. Idem, *La Philosophie antique: une étique ou une pratique*, in *Etudes de philosophie ancienne*, Les Belles Lettres, Paris 1998, p. 228.

hanno voglia di vivere una vita pensata e meditata, una vita messa alla prova, una vita che mira all'esemplarità".[v] Sono parole che calzano perfettamente con la contemplazione filosofica di Ran Lahav, portata avanti da anni, e confermo la mia opinione già dichiarata nella prefazione al suo libro: "il suo profilo umano è degno della sua immagine di filosofo conosciuto a livello mondiale".[vi]

Il presente volume si colloca in quella ricerca dell'ulteriorità, dell'andare "oltre il qui ed ora, convocando profondità ed altezza, spiritualità e pienezza, edificazione e sapienza",[vii] per iniziare, come scrive Lahav "un viaggio al di là della persona"[viii] verso i territori della saggezza che configura la specificità della terapia filosofica, in particolare rispetto alla psicoterapia, la quale si occupa precisamente delle dinamiche mentali nelle loro manifestazioni reali e presenti.

La categoria della contemplazione secondo Lahav comprende la dimensione intellettuale e quella spirituale. La prima riguarda le idee e la seconda "coinvolge dimensioni profonde del nostro essere", e quindi la contemplazione filosofica lavora "con le idee filosofiche dal profondo del nostro essere"[ix] nel "desiderio di aprirci ai più grandi orizzonti dell'essere".[x]

In merito all'accostamento ai testi filosofici, Lahav ci regala un consiglio bello e chiaro nel contempo: "Bisogna accostarci al testo come se si volesse assaporare il vino o il

---

v. Arnold I. Davidson, *Prefazione*, in Pierre Hadot, *Esercizi spirituali e filosofia antica*, Piccola Biblioteca Einaudi, Torino 2005, p. XVI.
vi. Mia prefazione in: Ran Lahav, *Contemplazione filosofia. Teoria e tecniche del contemplativo*, o.c., p. VII.
vii. Ibidem, p. XV.
viii. Ran Lahav, *La consulenza filosofica come ricerca della saggezza*, in Idem, *Comprendere la vita*, o.c., p. 63.
ix. Ibidem, p. 9.
x. Ibidem, p. 27.

cibo, ascoltare una poesia o un brano musicale".[xi] E così si fa il primo passo per arrivare a percepire "la leggerezza della bellezza" avvolta dalla "misura della bontà", come esprime con espressioni felici.[xii]

"Il contemplativo filosofico è, dunque, un cercatore", e aggiunge con semplicità e chiarezza, perché "anela ad essere in contatto con la verità e la realtà".[xiii] È un cercatore di saggezza, spiritualità, profondità, conoscenza e consapevolezza, che esplora dentro di sé ma anche fuori da sé, giacché tutta l'esistenza e l'esistente è giacimento di pienezza di senso. La contemplazione, a partire dai filosofi greci e latini, è un modo prezioso per camminare sulla via dell'edificazione profonda e pone la biografia in un dialogo di ri-interpretazione e, quindi, di ri-significazione.

Gerd Achenbach, padre della pratica filosofica moderna o, se vogliamo, della rinascita della filosofia come pratica di vita,[xiv] e Ran Lahav sono considerati i più importanti teorici della consulenza filosofica, i quali hanno riavvicinato la filosofia alla saggezza, costruendo un fecondo sentiero della vita consapevole.

Condivido totalmente la fecondità relazionale della contemplazione filosofica con la poesia che si rivela un terreno molto interessante[xv], ed in tale direzione mi appare pertinente riprendere ciò che ha scritto Ran lahav nella prefazione alla mia silloge di liriche dal titolo "Come il pane.

---

xi. Ibidem, p. 29.
xii. Ibidem, p. 66.
xiii. Ibidem, p. 74.
xiv. Cf. Gerd Achenbach, *La consulenza filosofica. La filosofia come opportunità per la via*, Apogeo, Milano 2004.
xv. Ran Lahav, Prefazione in Filippo D'Andrea, *Come il pane. Poesie d'altrove*, Graficheditore, Lamezia Terme 2021; Cf. Filippo D'Andrea, *A passo di capre. Liriche per la contemplazione filosofica*, Graficheditore, Lamezia Terme 2019.

Poesie d'altrove": "... queste poesie possono essere definite contemplative, ma anche metafisiche".[xvi] E prosegue più in là: "Ogni cosa acquista dimensioni ulteriori. Si viene colpiti dal convincimento che la realtà è più grande di quella che appare, e con un desiderio metafisico per una realtà più grande".[xvii]

Infatti, in diversi testi è rilevato il suo convincimento che il filosofo, che conosce la letteratura, è provvisto di una cultura più ricca e dotato di mezzi più raffinati che gli offrono una capacità singolare di esplorare in ampiezza la realtà, trovarvi semi di verità e fiori di sapienza/saggezza.[xviii] Ed in questa direzione si può cogliere meglio la stupenda polifonia della vita, e che si mette al lavoro con maggiore acutezza e incisività nello slancio di afferrare la realtà anche nei suoi territori più nascosti e di mistero, per procedere come un viandante che porta negli occhi la speranza del mondo.

Infine, mi piace notare che la centralità data alla persona ad opera di Lahav appare molto in sintonia con il fondatore della psicoterapia non direttiva, a me molto caro, Carl Rogers, e qui si fonda l'assoluta personalizzazione della contemplazione filosofica e della cura filosofica in cui

---

xvi. Ran Lahav, *Prefazione* in Filippo D'Andrea, *Come il pane. Poesie d'altrove*, o.c., p. 11.

xvii. Ibidem, p. 12.

xviii. L'impiego della letteratura nella consulenza filosofica viene evidenziato dai risultati di un'indagine presente nel importante e noto volume di Ran Lahav, *Comprendere la vita*, a p. 97. E questo convincimento mi ha rafforzato l'idea di pubblicare, oltre alle poesie filosofiche, i seguenti volumi di diverso stile letterario con valore filosofico offrendoli come strumenti per la contemplazione filosofica: *Faville. Aforismi per la contemplazione filosofica*, Graficheditore, Lamezia Terme 2019; *Frammenti di quotidiano. Aneddoti per la contemplazione filosofica*, Graficheditore, Lamezia Terme 2019; *Tutto torna. Poesie contemplative, aneddoti di senso, pensieri sapienziali per pratiche filosofiche*, Graficheditore, Lamezia Terme 2018, ed altri ancora.

si dà il privilegio a tutto ciò che succede nella persona, prima dell'oggettività e del criterio logico-scientifico.[xix]

In conclusione, il contemplare con i filosofi antichi, come viene trattato in questo bel lavoro, dona un orizzonte aperto e di libertà e promuove l'umano profondo verso le radici e le vette dell'essere, e dell'essere nel mondo.

Infine, un ringraziamento particolare va a Luciana Parlati, docente di Latino ed Italiano, che ha messo a disposizione la sua alta competenza e lunga esperienza per un confronto sulla versione italiana di questo pregevole lavoro di Ran Lahav.

---

xix. Cf. Carl Rogers, *On becoming a person*, Constabile Ed., Londra 1974.

INTRODUZIONE

Dialogando con filosofi antichi

L'argomento di questo libro è la filosofia occidentale antica, ma non è un semplice libro di storia. Il suo fine principale non è far un riassunto di cosa scrissero gli antichi filosofi, ma di invitare i lettori a "risuonare" con le idee di questi filosofi in un modo personale e creativo.

Per risuonare" con un testo filosofico intendiamo il coinvolgersi in un dialogo personale con esso, qualcosa come il dialogo tra un sassofono ed una tromba in una sessione di improvvisazione jazz. I due strumenti non discutono sulla musica dell'altro, ma piuttosto suonano fianco a fianco, rispondendosi l'un l'altro, in reciproca complementarietà, creando insieme un nuovo pezzo musicale. Allo stesso modo, i lettori di questo libro sono invitati a "suonare insieme" ai filosofi antichi, creando la loro "musica" filosofica.

Certamente, per risuonare con un dato filosofo, dobbiamo per primo comprendere cosa quel filosofo ha scritto. Il sassofonista deve sentire cosa sta suonando la tromba al fine di provocare una risonanza appropriata. Per questa ragione, ogni capitolo di questo libro è composto da due parti: primo una breve esposizione di una idea selezionata dal filosofo prescelto; secondo, suggerimenti sulle modalità di risonanza con questa idea.

Quando risuoniamo con le idee dei filosofi antichi, noi stiamo in effetti conversando sulle questioni fondamentali della vita e della realtà, che è il tema principale della filosofia. La storia della filosofia contiene un prospetto ampio di approcci che si sono sviluppati in modi complessi attraverso molti secoli, ma nella misura del loro essere filosofici, fanno tutti qualcosa di simile; essi si impegnano in una discussione sistematica di argomenti generali e fondamentali dell'esistenza, e tentano di indirizzarli verso la costruzione di nuove teorie generali degli stessi.

In questo libro ci concentreremo su pensatori selezionati dalla filosofia antica. Come comunemente definita, la filosofia antica (in Occidente) comprende il percorso storico che iniziò nell'antica Grecia più di venticinque secoli fa, intorno al VI secolo a.c., e durò più di mille anni fino alla caduta dell'impero Romano ed all'ascesa al potere della Cristianità, intorno al V secolo d.c. Come potremo vedere, i temi che questi pensatori antichi affrontarono sono tuttora rilevanti per noi.

Questo libro è uno studio interattivo di quattordici influenti filosofie antiche e una guida pratica per contemplare le loro profonde intuizioni. Considera le filosofie antiche non solo come teorie del passato, ma come punti di partenza per l'esplorazione personale del lettore. Gli esercizi contemplativi qui presentati sono stati sviluppati nell'ambito dell'attività internazionale di gruppo della Deep Philosophy, che è un approccio alla riflessione sulle questioni filosofiche della vita a partire dalla nostra profondità interiore.

Per approfondire ulteriormente visita il sito di DPhilo: https://dphilo.org/

PARTE A

I FILOSOFI PRE-SOCRATICI

La filosofia occidentale nacque nel 6° secolo a.c. nell'Antica Grecia. Fu il primo tentativo sistematico conosciuto in Occidente di comprendere il mondo in termini di principi generali ed universali e li elaborò in teorie. I primi filosofi formularono teorie sul mondo naturale, sulle leggi che governano l'universo, sulla natura umana e sul comportamento etico. Ci sono voluti meno di due secoli perché entrassero in scena i più grandi filosofi antichi della storia occidentale: Socrate (5° secolo a.c.), il suo discepolo Platone (5°-4° secoli a.c.), ed il discepolo di Platone stesso Aristotele (4° secolo a.c.). L'influenza di questi tre pensatori nella filosofia successiva fu profonda, e possono essere visti come i maggiori pilastri del pensiero occidentale. Quei pensatori che hanno filosofato prima sono chiamati comunemente filosofi pre-socratici.

Molti dei filosofi pre-socratici scrissero libri, ma sfortunatamente, sono andati persi. Quello che resta oggi sono solo frammenti, che sono citazioni di filosofi antichi successivi.

Capitolo 1

I FILOSOFI DI MILETO – LE TEORIE

Introduzione

I primi filosofi occidentali conosciuti vissero nel 6° secolo a.C. nella città di Mileto, situata sulla costa occidentale dell'attuale Turchia. Per quanto ne sappiamo, i primi tre pensatori della scuola di Mileto furono Talete, Anassimandro ed Anassimene, e la loro innovazione fu un'agenda intellettuale nuova: spiegare il mondo naturale in pochi principi universali. Prima di loro, era comune comprendere i fenomeni naturali in termini di divinità, spiriti, o altri esseri soprannaturali che si credeva controllassero gli eventi del mondo in sintonia con la loro volontà. Perché, per esempio, abbiamo la pioggia sulla terra? Una mente pre-filosofica può rispondere che il dio della pioggia vuole che le piante crescano e gli animali vivano. In contrasto, l'idea di principi generali impersonali che vengono applicati universalmente ad ogni cosa era rivoluzionaria. Oggi, noi tendiamo a darlo per scontato, ma non era per tutti ovvio, e segnò un fondamentale nuovo modo di pensare.

I pensatori di Mileto erano interessati in particolare alla composizione del mondo naturale, e fecero diverse considerazioni per determinare gli elementi base di cui ogni cosa è fatta: ogni cosa è fatta di acqua (Talete), di una sostanza indefinita (Anassimandro) o di aria (Anassimene).

Noi sappiamo oggi che queste teorie primitive sono errate (la sabbia per esempio non è fatta d'acqua), eppure rappresentavano un nuovo modo di pensare. Per diversi aspetti, questi primi filosofi fecero un passaggio cruciale verso il pensiero filosofico-scientifico: essi svilupparono teorie universali sul mondo; distinsero tra come il mondo appare e la struttura sottostante nascosta; essi spiegarono tutti i fenomeni in pochi principi basilari; proposero che tutta la materia fosse fatta di elementi costitutivi fondamentali; e riconobbero il potere della ragione nello sviluppare una comprensione sistematica della realtà.

Riflettendo: come possiamo capire il nostro mondo?

In modo da iniziare un dialogo con i primi filosofi ci concentreremo in questo capitolo sulla nozione di comprensione. Questo è un concetto importante nelle nostre esistenze – noi tutti cerchiamo di capire noi stessi ed il nostro mondo, ed è anche ciò che cercavano i primi filosofi.

Immaginiamo di vivere in qualche parte del Mediterraneo di 2700 anni fa, precisamente prima della nascita della filosofia occidentale. Come persone riflessive e sensibili, ammiriamo la ricchezza del mondo intorno a noi, una miriade di creature ed oggetti, le sue molte forme e colori e suoni nelle loro numerose variazioni. Ci domandiamo: come dovremmo relazionarci con questa meraviglia cosmica?

Parecchie opzioni si presentano davanti a noi. Noi potremmo, per esempio, celebrare la natura con la danza e con la musica. Oppure, potremmo concludere che qualche potere divino esista dietro gli eventi naturali e pregarlo per avere protezione. Oppure ancora, potremmo trarre ispirazione artistica dalla bellezza della natura e comporre bei poemi e dipinti. Potremmo anche meditare in silenzio ed essere uno con l'universo.

Ma i primi filosofi occidentali, ventisei secoli fa, scelsero un diverso approccio intellettuale.

Cosa essi volessero non era precisamente celebrare o manipolare i poteri nascosti, ma primariamente capirli, non solo capire questo o quel particolare, ma capire la natura nella sua totalità. Fai un passo indietro, ci dicono, e pensa con attenzione ed oggettivamente: perché il mondo è così com'è?

E se li seguiamo, ci troveremo nel regno della spiegazione razionale.

Ma quale tipo di spiegazione razionale potrebbe soddisfare la nostra ricerca di comprensione del mondo naturale? Dovremmo capirlo come un prodotto della volontà degli dei? Oppure come un campo di battaglia della lotta tra le forze del bene e le forze del male? Oppure come un organismo cosmico che cresce e si sviluppa attraverso la storia verso qualche obiettivo: la perfezione, per esempio?

La risposta milesiana: le teorie

I primi filosofi occidentali scelsero un'altra alternativa: dimenticare miti e leggende: volere comprendere il mondo in termini di principi universali. Questi saranno leggi oggettive da applicare su ogni cosa, senza lasciare spazio al capriccio personale dei poteri divini.

Ed ora siamo nel regno della comprensione filosofico-scientifica. Usando principi oggettivi, possiamo costruire una teoria generale sulla natura. Talete, per esempio, il primo filosofo, teorizzò che ogni cosa fosse fatta di acqua. Acqua, dichiarò, è la sostanza basilare, che si trasforma da ghiaccio in liquido e da liquido in vapore e, per estensione, può essere trasformata in qualsiasi altra cosa in natura. Anassimandro propone una teoria differente. Egli apparentemente pensò che l'elemento di base del mondo non potesse essere una materia specifica visibile come l'acqua. Doveva essere una sostanza indefinita senza specifiche qualità. Il terzo filosofo, Anassimene, teorizzò che ogni cosa fosse fatta di aria, forse perché l'aria dona vita agli esseri viventi che la respirano.

Ed ora stiamo pensando in termini di teorie filosofiche della realtà. Molti secoli più tardi, dopo la nascita della scienza moderna, sentiremo che ogni cosa è fatta da atomi o quarks – ma in molti aspetti l'idea basilare resta la stessa.

*Alcuni **concetti chiave** su cui riflettere:*

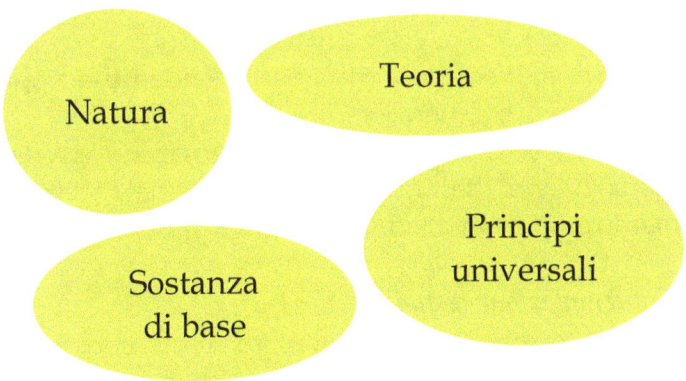

Contemplando

Dopo questo breve sguardo sulle idee dei pensatori di Mileto, avviamo con loro un dialogo personale. Questo significa che la nostra attenzione si sposterà dal cercare di imparare cosa dissero a cercare di sviluppare le nostre intuizioni in risposta alle loro.

Per questo scopo, contempleremo. Per "contemplazione" vogliamo intendere pensare profondamente dentro di noi in cerca di nuove intuizioni, invece di intellettualizzare in astratto nostre opinioni preconfezionate. Nel pensare contemplativo ascoltiamo interiormente e lasciamo che le intuizioni personali emergano dalla nostra mente. Il risultato può essere una nuova e ricca comprensione, spesso accompagnata da un senso di meraviglia, silenzio interiore e preziosità.

La contemplazione è in qualche modo simile alla meditazione, in quanto richiede di coltivare uno speciale, attento stato mentale. Ma a differenza di molte forme di meditazione, il fine della contemplazione non è il silenzio interiore fine a se stesso, ma una comprensione profonda delle idee. Non è facile raggiungere lo stato contemplativo della mente. La tendenza automatica della nostra mente è analizzare, giudicare ed esprimere opinioni, e ci vuole pratica per mettere da parte queste tendenze ed aprire uno spazio di ascolto interiore.

Qui tratteremo tre forme di contemplazione filosofica: contemplazione testuale, contemplazione visiva, e contemplazione tematica.

1. *Contemplazione testuale*

Di seguito sono riportati diversi frammenti sopravvissuti dagli scritti di Anassimandro. Qui egli espone la sua ambiziosa teoria: ogni cosa in natura è fatta della stessa sostanza, vale a dire *L'Apeiron*, che in greco significa il non-limitato o indefinito. È una cosa indefinita nel senso che non è né blu, né gialla, né dura, né morbida, né pesante, né leggera, ma piuttosto priva di qualsiasi qualità.

Mentre leggiamo questi frammenti, riflettiamo sull'idea, così ovvia oggi ma così innovativa allora, che il pensiero teoretico può offrirci di accedere alla struttura nascosta del mondo. Le teorie possono rappresentare il mondo in modo molto diverso da come appare ai nostri sensi. Considera le cose familiari che vedi intorno a te - alberi e pietre, sedie e case, così come i corpi dei vostri amici e il vostro stesso corpo - e prova a immaginarle come ammassi di cose indeterminate, come ci dice Anassimandro, o forse come ammassi di minuscoli atomi, come ci dicono le moderne teorie scientifiche. Il mondo non è più quello che pensavi fosse!

Cosa ti provoca questo tipo di pensiero teorico? Come cambia il vostro atteggiamento verso il mondo circostante, verso voi stessi e verso gli altri?

Contempla su queste riflessioni mentre leggi i seguenti testi silenziosamente e lentamente, assaporando le parole e le immagini, e lasciandoli parlare nella tua mente. Potresti voler leggere in questo modo il testo più volte ed ancora di nuovo e notare un flusso di idee dentro te.

1. Il Non-Limitato è l'origine di tutte le cose ... È la fonte da cui le cose sorgono e in cui tornano di nuovo quando passano, come è determinato dalla necessità; infatti, esse si riparano e si soddisfano a vicenda a causa della loro ingiustizia [=squilibrio] secondo il tempo stabilito.

2. Questo [Non-Limitato] è eterno e senza età, e include tutti i mondi.

2. Contemplazione visiva

Per arricchire la tua contemplazione, puoi usare il disegno presente in questo capitolo. Come tutti i disegni in questo libro, è stato realizzato proprio per la contemplazione visiva. Mentre trattieni in mente le idee milesiane, esamina gli elementi differenti nel disegno. Lascia che i tuoi occhi vi scorrano sopra dolcemente e lentamente, fermandoli ogni tanto su un particolare dettaglio, ispezionandolo e lasciando che provochi illuminazioni nella tua mente. Non cercare di imporre sull'immagine la tua interpretazione; lascia che ti parli dentro.

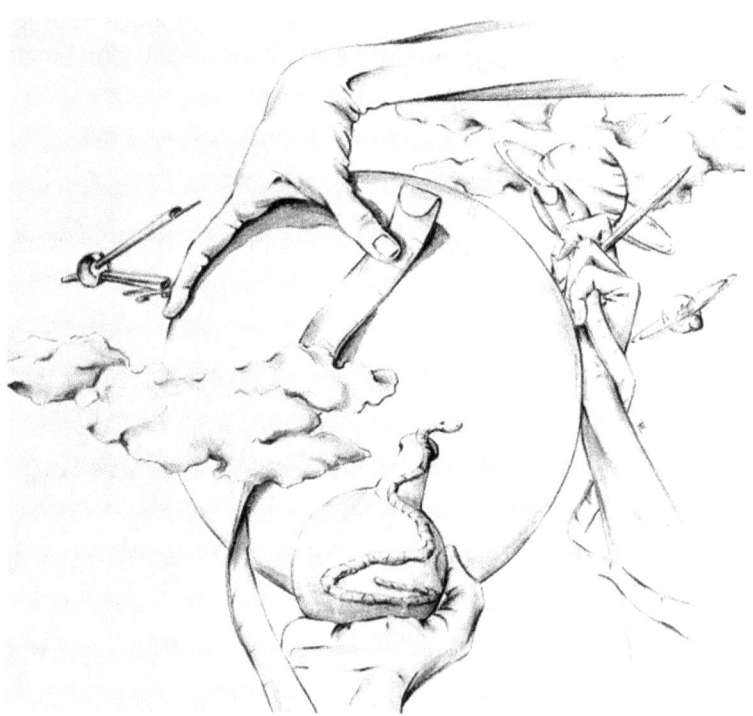

3. Contemplazione tematica

Così come possiamo contemplare su un testo o su un disegno, possiamo anche contemplare su un argomento filosofico. La sfida è non farlo come un esercizio intellettuale, ma come un dialogo personale. Mettiamo da parte la nostra tendenza automatica ad analizzare ed esprimere opinioni, per ascoltare interiormente il seguente argomento come se "parlasse" in noi.

Le teorie sono un ottimo strumento. Esse uniscono il mondo per noi, ci dicono in anticipo cosa aspettarsi, ci permettono di costruire macchine e controllare il nostro ambiente. Ma possono essere applicate su ogni cosa? Le teorie sembrano funzionare bene per capire oggetti inanimati come pietre e nuvole, ma possono applicarsi anche a me stesso? Può una teoria contribuire alla mia esperienza di amore, o di speranza, o di ansietà?

Infatti, quando teorizziamo su una situazione personale e la analizziamo, ci resta a volte la sensazione spiacevole che qualcosa sia stata tralasciata. In qualche modo, cogliamo che la teoria fallisce nel rendere giustizia a ciò che è unico, incerto, soggettivo, fondamentalmente personale. È possibile che il pensare teoretico non sia adatto a comprendere la nostra vita, specialmente la nostra personale esperienza? E se è così, perché?

Semi della contemplazione

Per contemplare su questo tema filosofico, ci può essere di aiuto un "seme di contemplazione": un concetto o metafora che servirebbe come punto di partenza per una comprensione più profonda. Qui ci sono diversi suggerimenti per tali punti iniziali. Scegli uno di essi (o componilo tu stesso) e lascialo crescere e svelare nella tua mente.

a) La metafora di *guardare da dentro verso fuori*: quando io teorizzo sulle mie esperienze, io le ispeziono "dal di fuori" per così dire, osservandole come se fossero esperienze di qualcun altro. Al contrario, quando io percepisco le mie esperienze senza prima pensarle, le sento "dal di dentro", dalla mia prospettiva. Questa differenza di prospettiva potrebbe essere il motivo per cui teorizzare sembra che tralasci qualcosa della mia vita interiore.

b) Il concetto di *unicità*: una teoria usa sempre generalizzazioni, e una generalizzazione si applica agli elementi ripetibili, in altre parole che si verificano ancora ed ancora. Ma forse alcune esperienze personali sono uniche e irripetibili, e quindi rifuggono generalizzazioni teoretiche.

c) La metafora del *prima delle parole*: Quando teorizziamo, pensiamo in parole. Ma qualche volta incontriamo direttamente la realtà, prima che la nostra mente pensi in parole. Io mi relaziono con te attraverso l'amore, comprendo il paesaggio naturale attraverso la percezione della bellezza, sento il divino attraverso il senso della soggezione. In questi momenti, parole e teorie tacciono.

Capitolo 2

Eraclito – Tutto Cambia

Introduzione

Eraclito visse intorno al 500 a.C. nella città greca di Efeso in Asia Minore, oggi in Turchia. Poco sappiamo della sua vita, ma gli storici successivi scrissero che egli era di una famiglia influente, che era uno snob e scrisse in un linguaggio difficile tanto che pochi riuscivano a capirlo (da cui il nome "Eraclito l'oscuro"), e che era un pessimista (da cui il nome "il filosofo lamentoso"). Egli morì di qualche malattia all'età di 60 anni.

Eraclito scrisse un libro in cui cercò di cogliere tutta la conoscenza. Solo pochi frammenti oggi restano, e gli argomenti principali sono: vi è una legge universale che governa ogni cosa: il Logos; che la maggior parte della gente passa la metà della vita dormendo e non comprende il Logos; che ogni cosa nel mondo è in continuo cambiamento; che il fuoco è il principio base della realtà; che il bene e il male sono relativi alla propria prospettiva; e i processi naturali spesso hanno la forma del conflitto tra opposti che si uniscono in armonia.

Riflettendo: il mondo è cose o cambiamenti?

Immagina che sei ad una festa in una casa privata. Esci per respirare un po' d'aria fresca e rientri dieci minuti dopo. Ad una prima occhiata, niente sembra cambiato: la "stessa" gente, la "stessa" stanza e arredamento, gli "stessi" abiti e gioielli. La tua mente vede identica ogni cosa, automaticamente e senza pensarci.

Ma quando osservi con più attenzione, noti che molti cambiamenti sono avvenuti. L'uomo nell'angolo, che era prima scontroso, ora sta sorridendo e si è tolto il maglione. La giovane donna alta non è più sola e silenziosa, ma è in piedi e sta parlando con qualcuno con gesti animati. Il giornale sul tavolo è adesso aperto e un po' strappato. Il tappeto rosso è spiegazzato in un angolo. La luce è in qualche modo diversa, forse perché il sole fa capolino da dietro le nuvole, e la stanza è più luminosa rispetto a dieci minuti prima.

Siamo così abituato abituati a questi cambiamenti che difficilmente li notiamo. La nostra mente presume che queste cose siano "le stesse" di prima. Ma, domanda Eraclito, cosa succede se non vi sono "cose" stabili intorno a te, solo cambiamenti: un continuo flusso di cambiamenti, come un fiume che scorre con la sua miriade di increspature e gorghi?

Eraclito aggiunge una seconda ragione per spargere dubbi sull'idea delle cose fisse. Le cose non sono semplicemente quelle che sono, finché ogni cosa contiene il suo contrario. L'espressione seria del viso della donna è anche comica. L' uomo grande sembra minuscolo accanto alla scultura enorme. Il filo elettrico che va dal muro alla lampada, va anche dalla lampada al muro.

E una terza considerazione: conflitto e armonia non sono così estranei l'uno all'altro come si potrebbe pensare. Se ascolti una giovane coppia cantare col piano, noterai che sebbene la donna soprano è molto differente dall'uomo tenore, le due voci si fondono insieme in una melodia armoniosa. Allo stesso modo, la feroce competizione tra due giocatori di ping-pong nel portico è bella fino alla perfezione. E la discussione politica vocale al centro della stanza è parte di un'amicizia.

Quindi, cos'è la realtà? È fatta di cose stabili e fisse che cambiano solo aspetto e posizione, oppure la realtà è un mondo di cambiamenti ed opposizioni armoniose? Gli elementi costitutivi fondamentali che compongono la realtà sono cose o trasformazioni?

La risposta di Eraclito: Tutto è in movimento

Eraclito risponde: una volta che resisti alla tua tendenza automatica di vedere l'identità e invece poni attenzione ai cambiamenti, realizzerai che ogni cosa è in movimento. Le cose fisse sono mera apparenza. Il mondo, come il fuoco, è in continua evoluzione. In effetti, se pensi che un albero sia una cosa stabile, guarda veloce una videoregistrazione di quell'albero e vedrai un processo di crescita e decadimento.

Tuttavia, osserva Eraclito, il nostro mondo non è nel caos. Sebbene tutto cambi continuamente, non lo fa in modo arbitrario. Il vostro tavolo non vola improvvisamente in aria o si trasforma in un elefante.

Il flusso dei cambiamenti è regolato da modelli, da regole oppure, per usare un concetto di Eraclito, dal "logos" che mantiene il flusso entro i limiti. Il logos è la via del flusso, anzi del dramma cosmico.

*Alcuni **concetti chiave** su cui riflettere:*

- Flusso
- Logos
- Cambiamento
- Unità delle opposizioni

Contemplando

Ora che abbiamo capito le basi della visione di Eraclito, riprendiamo a contemplare, in altre parole, pensiamo con calma dalla nostra profondità interiore. Invece di analizzare le sue idee a livello intellettuale, vogliamo aprire noi stessi ad intuizioni personali che potrebbero emergere nella nostra mente in risposta. Vogliamo, in altre parole, "risuonare" con la sua visione.

1. Contemplazione testuale

L'opera di Eraclito è andata persa, ma alcune citazioni successive, grazie a scrittori postumi, sono sopravvissute. Per contemplare sulla selezione seguente, potresti per primo tentare di concentrarti in te stesso per pochi minuti con gli occhi chiusi, e leggere le parole lentamente e delicatamente, facendole parlare dentro di te. Potresti anche provare l'esercizio che chiamiamo "ruminatio" (o recitazione): seleziona una frase che ti appare densa di significato e insisti nel leggerla lentamente di nuovo e di nuovo ancora. Ascolta il suono della frase come risuona dentro di te e cerca di discernere intuizioni che possono affiorare nella tua mente.

2. *Sebbene la legge della Ragione (Logos) è comune a tutti, la maggior parte delle persone vive come se avesse una propria comprensione.*

8. *Le cose che sono diverse sono unite insieme, le differenze producono la più bella armonia, e tutte le cose hanno luogo attraverso il conflitto.*

30. *Questo mondo, che è lo stesso per tutti, non è stato fatto da nessun dio o uomo, ma è sempre esistito, ed è, e sarà, un fuoco sempre vivo, acceso nella giusta misura ed estinto nella giusta in debita misura.*

41. *Vi è una sola saggezza: comprendere l'intelligenza attraverso cui tutte le cose sono governate attraverso tutte le cose.*

51. *L'armonia del mondo è un'armonia degli opposti, come nel caso dell'arco e la lira.*

60. *La via verso l'alto e quella verso il basso sono la stessa cosa.*

91. *Nello stesso fiume non puoi entrare due volte, perché altre acque continuano a scorrere.*

126. *Il freddo diviene caldo, ed il caldo freddo; l'umido diviene secco, ed il secco umido.*

2. Contemplazione visiva

La contemplazione visiva ci permette di approfondire il pensiero di un filosofo in modo non verbale. In questo capitolo, come in tutti i capitoli di questo libro, troverai un disegno. Osservalo in silenzio, mantenendo le idee di Eraclito nella tua mente. Lascia che i tuoi occhi scorrano dolcemente e liberamente, fermandoti ogni tanto per esaminare qualche particolare. Prendendo sufficiente tempo e silenzio interiore, l'immagine potrebbe provocare nuove comprensioni nella tua mente.

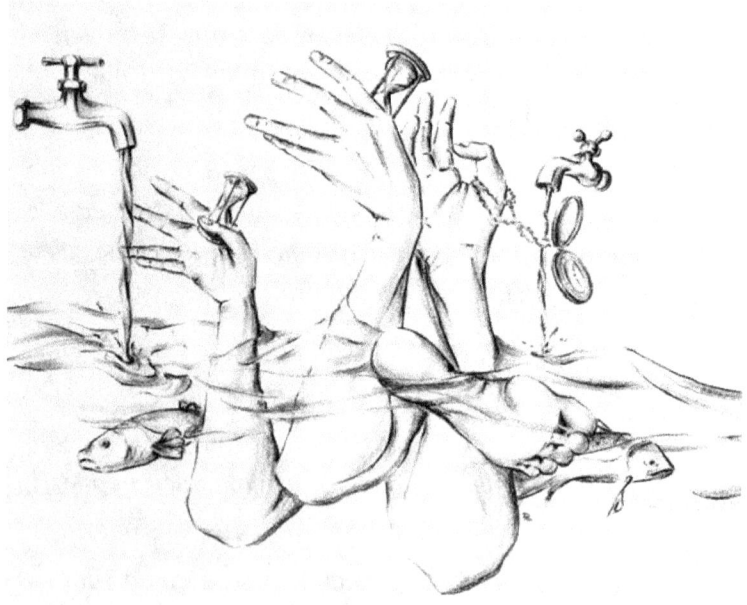

3. Contemplazione tematica

Considera il punto di vista di Eraclito che afferma che ogni cosa cambia continuamente. Questo presumibilmente si applica anche alla mia vita quotidiana, ai miei umori, al mio corpo, ai miei amici e colleghi, alla mia casa: essi cambiano giorno dopo giorno e minuto dopo minuto. Questo non viene notato, ci dice Eraclito, dalla maggioranza della gente, che vede solo la superficie fuorviante della stabilità e dell'uniformità. Solo i saggi riconoscono il flusso costante, la trasformazione degli opposti, ed il Logos che li governa.

Ciò solleva il seguente interrogativo per la contemplazione: se dovessi diventare uno di quei saggi che sono pienamente consapevoli del flusso cosmico, come vivrei la mia vita? Come dovrei cambiare me stesso per affrontare I continui cambiamenti intorno a me e in me? In breve, che cos'è la saggezza in un mondo che sembra non offrire nulla di stabile, nessun terreno su cui poggiare, nessun fatto fisso da afferrare?

Semi di contemplazione

Per contemplare sul significato della saggezza in un mondo in trasformazione, potremmo iniziare con un seme di contemplazione: una metafora o concetto per orientare la nostra contemplazione. Ecco diversi suggerimenti:

a) La metafora dell'*acqua che scorre*: come persona saggia sono aiutato da una consapevolezza che mi guida: non sono una cosa ma una piccola corrente d'acqua nel fiume cosmico. Come una corrente tutto in me continua a cambiare, ed io accetto lamia situazione. Non cerco di aggrapparmi a qualcosa di stabile, non resisto al cambiamento. Sono acqua, e conosco le vie dell'acqua. Io conosco il Logos del cambiamento dalla mia esperienza interiore.

b) La metafora del *capitano della nave*: un saggio capitano conosce il "Logos" del mare e sa come usarlo per il suo scopo. Egli sa come andare col vento o controvento, come navigare in una tempesta e come gettare un'ancora. Egli può anticipare la marea in arrivo o una burrasca, e preparare tutto in anticipo.

c) Il concetto di **meraviglia**: in un mondo in continuo cambiamento, non possiedo una conoscenza fissa. Posso solo stupirmi. Mi meraviglio del "fuoco" inquieto dell'universo che continua a danzare e trasformarsi, e del Logos che dà alle sue fiamme forme e colori sempre cangianti. Ogni momento è nuovo e vivace, e ne assaporo la freschezza.

Capitolo 3

Parmenide – L'essere è uno

Introduzione

Parmenide di Elea era un filosofo greco che visse tra la fine del 5° secolo a.C. e l'inizio del 4°. La sua influenza sulla filosofia occidentale è stata notevole. Scrisse un poema filosofico, di cui restano importanti frammenti, che descrive il suo viaggio immaginario al tempio sacro di alcune divinità senza nome. Lì, la divinità gli spiega due modi di pensare: la via dell'opinione comune, che è basata sulla percezione sensoriale, e la via della verità, basata sulla ragione (logos). Mentre la via dell'opinione collettiva ritrae il mondo come una pluralità di cose che si muovono e cambiano e sono create e distrutte, la via della verità mostra che questo è impossibile. Movimento, cambiamento e creazione significano una negazione dell'essere era qui ma ora non c'è, è questo ma non quello, è adesso ma non era prima), che è impossibile. Ciò che è, è; e ciò che non è, non è. Quindi l'essere precisamente è, senza divisione e cambiamento.

Riflettendo: cos'è l'essere?

A volte provi un senso di meraviglia: cos'è questa realtà che sempre mi avvolge, che include me e tutto ciò che è?

Potrebbe essere allettante rispondere in modo sprezzante: la realtà è semplicemente tutto preso insieme, la somma di ogni cosa che esiste: pietre e fiori e fiumi e stelle.

Ma no, potrebbe rispondere il filosofo antico Parmenide, non è questo che sto domandando. Io non mi sto interrogando sull' esistenza delle singole cose, ma sull'esistenza in generale. L'albero è, la pietra è, la montagna è: ma cos'è questo essere? Cosa significa essere qualcosa? In sintesi, cos'è l'Essere?

Ecco, ci dice Parmenide, il senso della meraviglia: lo stupore che qualcosa sia, l'essere di ogni cosa.

La risposta di Parmenide: ciò che è, semplicemente è

L'Essere, o essenza, spiega Parmenide, non può essere una qualità particolare o una cosa. Non può essere verde anziché blu, o duro anziché morbido, perché comprende ogni cosa che è, che sia verde o blu o giallo, duro o morbido. L'Essere è – non può contenere qualcosa che "non è": così non può essere una cosa ma "non" un'altra. Deve trovarsi al di là di ogni qualità particolare e di tutte le singole cose, oltre tutte le distinzioni e differenze. Non è limitato da qualche confine o qualifica, è pura essenza.

Allo stesso modo, l'Essere non può cambiare o muoversi. Non può essere in un momento qui e non qui nel momento successivo. L'Essere precisamente è. E ciò che non è, non può assolutamente farne parte.

Ma questo ci conduce ad una conclusione sorprendente: questo significa che la realtà non è composta da una molteplicità di cose, come pensiamo normalmente. Quando mi guardo intorno, mi sembra di percepire molte cose – alberi, tavoli, uccelli – ma in realtà sono tutti un Essere unico. Evidentemente, i nostri sensi ci inducono in errore. Noi dobbiamo credere solo nella nostra ragione.

L'ottica di Parmenide potrebbe sembrare strana, perché nega che la realtà è composta da molte cose, come appare ai nostri sensi. Cerchiamo di cogliere in termini intuitivi cosa sta dicendo.

Normalmente noto cose particolari. Guardo questa cosa o quell'altra. Tocco questo o quest'altro, maneggio questo oggetto o quell'altro. Anche a me sembra di essere un oggetto tra altri oggetti, ed incontro altri uomini come un oggetto ne incontra altri. Ancora, in particolari momenti qualcosa di diverso mi succede. La mia attenzione si stacca da oggetti specifici e non afferro più questa cosa o quell'altra. Sono aperto all'universo intero, alla realtà nel suo complesso, a ogni cosa che è. L'Essere stesso si manifesta a me.

Ed ora noto: oltre i colori specifici e le forme particolari, oltre i molti dettagli intorno a me e in me, io testimonio la pura essenza che sottostà a tutto, l'Essere onnicomprensivo. E quindi vi è stupore e meraviglia. E tutto ciò che posso dire è: ciò che è, è.

*Alcuni **concetti chiave** su cui riflettere:*

Contemplando

Adesso che abbiamo capito la logica della prospettiva di Parmenide, cerchiamo di relazionarci ad essa più profondamente e personalmente. Il nostro scopo non è solo comprenderla come una teoria astratta, ma di capirla dall'interno e discernere le implicazioni personali. Insomma, contempliamo sulla la sua visione.

1. *Contemplazione testuale*

Leggi molto lentamente le parole di Parmenide, assapora le parole e le idee, e lascia che suscitino in te stupore e meraviglia. Lascia che parlino dentro di te. Cosa ti dicono di te e del tuo mondo? In particolare, riesci a ricordare o immaginare di aver provato un senso di pura esistenza, magari del tipo di "Io esisto" o "Tutto esiste"? Hai mai fatto esperienza della veridicità della realtà, dell'essere che unifica tutto? E se sì, cosa ti dice questa esperienza su cosa significa esistere?

Qui ci sono estratti interessanti dal poema filosofico di Parmenide:[1]

> *3. È la stessa cosa pensare o essere. [Una traduzione alternativa: essere e pensare sono la stessa ed unica cosa.]*
>
> *7. Questo non può essere mai dimostrato: ovvero, le cose che non sono, sono. Dovresti trattenere il tuo pensiero da questa via di indagine, non lasciar che la tua esperienza abituale ti forzi ad andare in questa direzione, che è la via dell'occhio errante e dell'orecchio pieno di suoni e della lingua. Piuttosto, giudica con la ragione la prova molto dibattuta che spiego qui.*
>
> *8. Ci resta soltanto un percorso di cui parlare, vale a dire, che ciò che è, è. In esso sono moltissimi i segni che mostrano che l'essere è increato e indistruttibile. Perché è completo, immobile, e senza fine. Non lo è mai stato, né lo sarà; perché ora è, tutto in una volta, un tutto continuo. Per esso quale tipo di origine cercherai? In quale modo e da quale fonte potrebbe essere cresciuto?*

2. Contemplazione visiva

Analizziamo adesso la visione di Parmenide con l'aiuto del disegno che troverai in questo capitolo. Le immagini hanno il potere di innescare in noi comprensioni che sono meno concettuali e più intuitive e olistiche.

Lascia che i tuoi occhi scorrano dolcemente sul disegno ed ascolta interiormente le intuizioni che possono sorgere nella tua mente. A differenza dei disegni precedenti, questo contiene pochi dettagli. La ragione è chiara: nel mondo di

Parmenide vi è soltanto un essere uniforme senza distinzioni o cambiamenti. Contempliamo su questa unità.

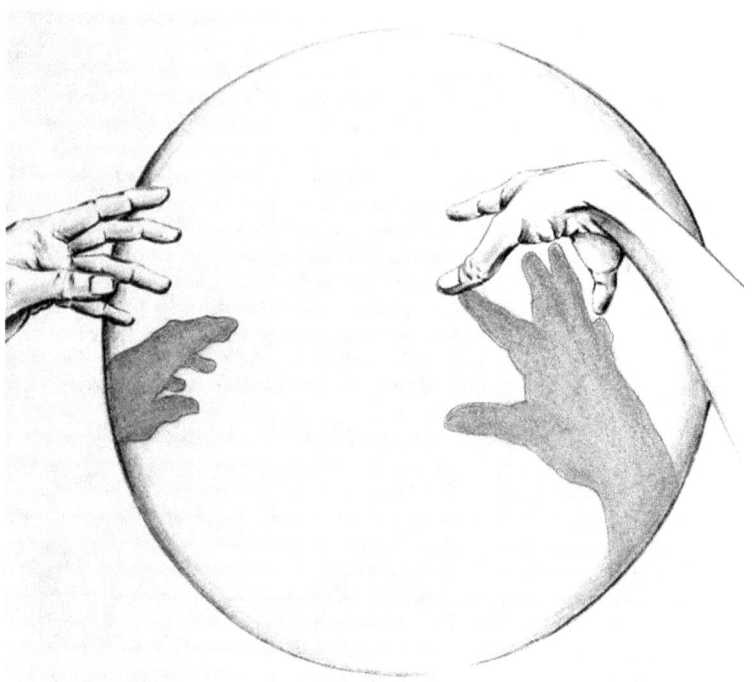

3. Contemplazione tematica

La consapevolezza dell'essere che sta alla base di ogni cosa è uno stato mentale speciale che sembra meraviglioso e prezioso, ma ha vita breve. Se mi capita di sperimentarlo, prima o poi è destinato a dissolversi, asciandomi di nuovo preoccupato per i miei affari ordinari. Molto probabilmente mi ritroverò a lavorare, a chiacchierare con un collega o a litigare, a guardare la TV, e dimenticare tutto dell'esperienza.

Dovrei essere deluso di aver perso il senso dell'Essere così rapidamente? Infatti, la consapevolezza dell'Essere è qualcosa di prezioso? Dovrei cercarlo? Più in generale, quale significato, se c'è, ha nella mia vita la consapevolezza dell'Essere?

Semi di contemplazione

Per contemplare su questo tema, possiamo usare una metafora o un concetto che serva da seme di contemplazione. Ecco diversi suggerimenti:

a) La metafora dei **fiori dal profondo**: posso concedere che le tante cose che percepisco attorno a me sono, come sostiene Parmenide, apparenze ingannevoli. Eppure, esse provengono da qualche parte: evidentemente dall'Essere. Le mie immagini della realtà ricevono la loro esistenza dall'Essere proprio come i fiori crescono dal terreno. Dunque, anche quando sono preoccupato dalle immagini della pluralità, posso ancora percepire attraverso di esse la forza dell'Essere che è alla loro radice.

b) Il concetto dell'**accettare i propri limiti**: se l'Essere è la vera realtà, allora bramo di connettermi ad esso per sempre. Ma ciò è impossibile per me, perché non sono un saggio illuminato o un angelo in cielo; sono solo un essere umano ordinario che è limitato. Quindi se ogni tanto intravedo l'essenza che si nasconde sotto la superficie, cosa posso chiedere di più? Quanto sono fortunato ad essere una creatura che è impegnata con le sue piccole faccende, ma a cui deve ancora essere concessa a volte, in momenti speciali, una visione dell'Essere ultimo.

c) La metafora delle **due vite**: quando sono assorbito dai problemi quotidiani, solo una parte di me è coinvolta. In un'altra dimensione di me stesso io sono parte di una realtà più grande, quella dell'Essere. Ma ciò significa che io vivo due differenti vite in parallelo: una vita di pluralità ed una vita di un Essere unitario. E così, anche quando sono perso nelle banalità in una vita, nell'altra vita sto ancora prendendo parte della realtà in sé.

Capitolo 4

Empedocle – Amore e Conflitto

Introduzione

Empedocle nacque agli inizi del 5° secolo a.C. nella città greca di Akragas in Sicilia. Sulla base di documenti successivi sembra che sia nato in una famiglia aristocratica, che era un oratore di successo, praticava la medicina, ed era impegnato nell'attività politica. Secondo una leggenda morì all'età di sessant'anni buttandosi nel cratere del vulcano Etna.

Empedocle compose almeno due poemi filosofici: "Sulla natura" e "Purificazioni". Nella prima opera, parte della quale è giunta a noi, spiega la struttura della materia in termini di quattro "radici" e due forze. Le radici della materia sono il fuoco, la terra, l'aria e l'acqua, di cui tutte le cose materiali sono composte in differenti proporzioni. Esse sono indistruttibili ed eterne, e sono governate da due forze che le mantengono in equilibrio attraverso periodici o locali incrementi o decrementi.

Queste due forze sono l'Amore e il Conflitto, il potere di attrazione e di unità contro il potere della repulsione e separazione. Giacché cambiano periodicamente di intensità, il cosmo subisce dei cicli in cui regna l'Amore o il Conflitto, il primo si traduce in periodi di unità, mentre il secondo in periodi di distruzione.

Riflettendo: quali forze fondamentali governano il nostro mondo?
Se vivi nel quinto secolo a.c. e cerchi di capire le forze di base della natura, non hai il beneficio della guida della scienza moderna. Le idee moderne della conduzione degli esperimenti controllati in laboratorio, del misurare matematicamente i tuoi risultati, del costruire modelli teorici e testarli in laboratorio, tutto questo è ancora lontano molti secoli. Devi fare affidamento sulle tue osservazioni quotidiane e sul tuo ragionamento.

Ora, se fossi un pensatore del quinto secolo a.c. che cerca di determinare le forze fondamentali che governano ogni cosa che esiste in natura, probabilmente saresti sconcertato dalla meravigliosa varietà di fenomeni osservabili: oggetti duri e fissi come pietre, acqua che scorre, fuoco che danza nella stufa, piante che crescono lentamente e producono frutti e fiori, animali che camminano e partoriscono e fanno rumori, esseri umani che conversano e lavorano e combattono e giocano. Ciascuno di questi mostra una gamma confusa di comportamenti in situazioni diverse. Da questa prospettiva come definiresti le forze di base che controllano tutte le attività nel cosmo?

La risposta di Empedocle: Amore e Conflitto

Al primo sguardo, il mondo visibile intorno a noi è così ricco e diversificato che è difficile scorgere un processo comune che lo caratterizza tutto. Cosa può esserci in comune tra una nuvola che fluttua nel cielo, una pianta che produce un fiore, un terremoto e un essere umano che scrive una lettera? Può sembrare che ogni cosa abbia i propri principi di azione.

Tuttavia, Empedocle vede punti in comune in questa varietà confusa. Egli suggerisce che tutti i fenomeni naturali possono essere capiti in termini di diversi gradi di armonia o unità rispetto al conflitto o alla separazione. Da un lato vediamo due cani combattere, un terremoto che devasta una città, o una malattia che distrugge il corpo: tutto questo contiene conflitto, turbamento dell'unità, frammentazione e separazione. D'altro lato notiamo un meraviglioso equilibrio tra le piante e gli animali di una foresta, l'unione tra due buoni amici, o l'armonia tra i membri di una pacifica comunità.

Così, suggerisce Empedocle, il mondo e la vita possono essere visti come governati da due forze opposte, quella dell'Amore, il potere dell'unità, e quella del Conflitto, il potere della separazione. Queste due forze fondamentali si oppongono l'una all'altra nell'universo, così che a volte l'una ha il sopravvento sull'altra e viceversa.

*Alcuni **concetti chiave** su cui riflettere:*

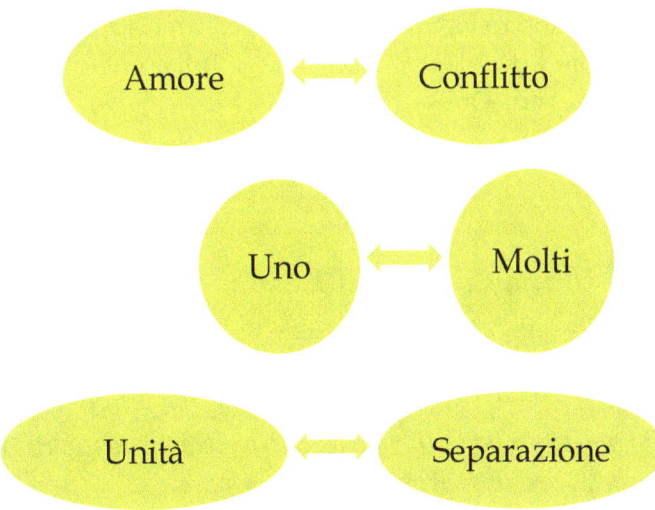

Contemplando

La visione di Empedocle delle forze dell'Amore e del Conflitto era intesa come una teoria generale del mondo, ma noi abbiamo il diritto di domandarci come si applica, più specificamente, alla nostra vita personale. Fino a che punto possiamo capire le nostre esistenze come caratterizzate da queste due forze? Ed ancora più precisamente, fino a che punto l'idea di questa opposizione illumina la nostra esperienza personale?

Quando guardiamo la vita attraverso la lente di nuovi concetti, spesso scopriamo nuove prospettive e si aprono nuove comprensioni. Contempliamo, dunque, sull'esistenza, sulla la nostra vita personale e sulla la vita in generale, attraverso la lente di Empedocle delle forze opposte di Amore e Conflitto.

1. Contemplazione testuale

Iniziamo contemplando su alcuni importanti frammenti che sono sopravvissuti dagli scritti di Empedocle. Leggi lentamente ed in silenzio il testo qui sotto, e chiediti cosa ti dice della vita. Questi due brani sono tratti dal suo libro "Sulla natura":[2]

> *17. Dirò una duplice verità: In un momento l'Uno è unito dai Molti, in un altro momento l'Uno si separa per divenire Molti. Duplice è la nascita delle cose, duplice la loro morte: in un momento l'unione dei Molti risulta nella nascita e poi della morte; in un altro momento, tutto ciò che è cresciuto prima si separa e muore.*

E tale lungo interscambio non finirà mai. A volte gli elementi si uniscono mediante l'Amore e diventano Uno, mentre in altri momenti si separano nuovamente attraverso l'odio del Conflitto.

Nella misura in cui l'Uno è capace di crescere dai Molti, ed i Molti crescono dalla dispersione dell'Uno, continuano a nascere nel tempo e non sono stabili. E nella misura in cui il lungo interscambio non finisce mai, restano immutati mentre si muovono attraverso il processo ciclico del mondo.

21. Osserva il sole, caldo e ovunque luminoso. Osserva le stelle eterne, sempre immerse nel calore liquido e nella radiosità luminosa. Guarda anche la pioggia, oscura e fredda e buia, e come dalla terra emerge ciò che è verde e fermo. E in periodi di rabbia, essi sono divisi in molte forme diverse, mentre nell'Amore si uniscono e si desiderano l'un l'altro.

Perché da questi (quattro fondamentali) elementi cresce tutto ciò che era, o è, o sempre sarà: tutti gli alberi, e uomini e donne, bestie ed uccelli, e pesci nutriti in acque profonde, e anche gli dei longevi che sono eccellenti in onore. Perché questi (elementi) sono tutto ciò che esiste, e, mentre scorrono l'uno nell'altro, ricevono nuovi volti, cambiano attraverso varie mescolanze.

2. *Contemplazione visiva*

Tenendo presente l'idea di Amore e Conflitto di Empedocle come due principi universali, esamina delicatamente il disegno in questo capitolo e lascia che parli dentro di te. Cosa ti dice sulla natura di queste due forze?

3. Contemplazione tematica

Considera le dinamiche, suggerite da Empedocle, di Amore e unità contro Conflitto e frammentazione. Queste due forze si intensificano e si indeboliscono nel tempo, così che in certi periodi domina l'amore, mentre in altri domina il conflitto.
In una qualche misura, tutti sperimentiamo queste forze che agiscono dentro di noi: da un lato abbiamo familiarità con la rabbia, l'odio, la gelosia, il conflitto interiore, l'insicurezza, così come la competizione, l'individualismo, il desiderio di essere lasciati in pace, tutte queste parti che spingono per frammentare il tutto in parti: io contro gli altri, un sentimento contro un altro. D'altra parte, abbiamo familiarità con le esperienze di empatia, amicizia, attrazione, comprensione reciproca, un senso di armonia e completezza.
Come posso gestire queste forze opposte e guidare la mia vita verso i miei obiettivi personali? Sono in grado di influenzarle e domarle per adattarle ai miei scopi? Più in generale, come dovrei vivere la mia vita in mezzo alle loro dinamiche?

Semi di contemplazione

Ecco alcuni semi che potrebbero aiutarci a riflettere su questo argomento:

a) La metafora del **giardiniere**: non riesco a controllare completamente le forze che agiscono dentro ed intorno a me. Non posso cancellare tutte le mie ire, né suscitare amore nel mio cuore. Posso solo cercare di coltivarle o sopprimerle, ed il mio successo è destinato a essere parziale. Ma per quanto possibile, lavorerò per rendere il mio "giardino" completo e bello. Userò le forze del conflitto per separarmi da ciò che minaccia la perfezione del mio "giardino", ed userò le forze dell'amore per connettermi a quello che vi contribuisce.

b) Il concetto del *re*: con sufficiente forza di volontà, posso imparare a controllare molti dei miei impulsi ed emozioni. E nella misura in cui posso farlo, agirò da re nel mio regno privato e mi occuperò del suo corretto funzionamento. Un regno non può essere fondato solo sull'amore, ha bisogno di forze di polizia e di difesa da un lato, e di cooperazione dall'altro. Allo stesso modo, il benessere del mio personale "regno" necessita sia di amore che di conflitto, ed è mio compito come sovrano assicurarmi che ciascuno di essi agisca in maniera ottimale nelle circostanze opportune.

c) Il concetto di **armonia mondiale**: come singola persona tra milioni di altre, io ho una trascurabile influenza sulla realtà mondiale. Anche la mia influenza sulla mia personale psicologia è limitata. Ma nei limiti del possibile, lavorerò per nutrire l'amore in me, e quindi contribuire con la mia piccola parte all'armonia del mondo in cui tutti viviamo.

Capitolo 5

ANASSAGORA – LA MENTE COSMICA

Introduzione

Anassagora nacque intorno al 500 a.C. nella città greca di Clazomanae nell'odierna Turchia, allora sotto il controllo dell'impero persiano. In gioventù andò ad Atene, dove restò per oltre vent'anni fino a quando fu costretto ad andarsene, probabilmente a causa della sua associazione col condottiero ateniese Pericle.

Per Anassagora, tutto nel mondo è fatto da minuscoli elementi indistruttibili, o "semi", che sono di tipologie molto diverse e si mescolano tra loro in tutto l'universo. Inoltre, egli ipotizza anche un potere: la Mente, o il Nous in greco, che mette in moto il mondo. Questo influenza la concentrazione dei semi in posti diversi e quindi li separa in oggetti di vario tipo come pietre e alberi, ognuno con la propria composizione e le proprie caratteristiche.

Riflettendo: perché il mondo è organizzato?

Anassagora, come Parmenide prima di lui, accetta che qualcosa che esiste non può trasformarsi in nulla, e non può nascere dal nulla. Pertanto, la sostanza fondamentale di cui è fatto il mondo è fissa e immutabile. Le trasformazioni che ci pare di vedere intorno a noi - alberi che crescono e invecchiano, case che vengono erette o abbattute, nuvole che si muovono, etc. - sono solo riarrangiamenti di elementi fissi. Tali elementi, che chiama "semi", sono infinitamente piccoli, eterni e immutabili. Gli oggetti materiali, che troviamo nel mondo, sono ammassi di semi di ogni tipo, così che ogni tipo di seme è presente in ogni oggetto, ma in proporzioni differenti. Per fare un esempio (che non è quello di Anassagora), una pietra è dura perché è fatta principalmente di semi duri e solo pochi semi molli, mentre la lana è fatta principalmente di semi morbidi. E quando brucia fino a diventare cenere, i suoi semi non si dissolvono nel nulla, ma piuttosto si mescolano con altri semi nell'ambiente.

Ci si potrebbe aspettare che i semi che compongono l'universo si mescolino totalmente l'un l'altro, così che il mondo sembri come un miscuglio indifferenziato indifferenziata. Eppure, quello che vediamo intorno a noi è un mondo altamente organizzato, fatto di oggetti distinti: pietre, piante, animali, gente, case e così via. Inoltre, ogni tipo di oggetto mostra un tipo specifico di comportamento: alberi che crescono nel terreno e non volano nell'aria, e producono foglie, non mani. Un albero rimane un albero, e segue il normale ciclo di vita di un albero. Le montagne non si sciolgono in oro, e alle persone non crescono le ali. Malgrado le sorprese occasionali, gli eventi del mondo e quelli della vita, non sono in uno stato di caos, ma seguono schemi più o meno familiari.

Come possiamo spiegare l'organizzazione del mondo? Quale tipo di forze sono responsabili del mantenimento dell'ordine nel mondo?

La risposta di Anassagora: La mente cosmica

Al primo sguardo, due risposte alternative sembrano allettanti: una possibilità è che il mondo sia guidato da un dio che impone ordine ai semi che lo compongono, aggregandoli in oggetti definiti e assicurandosi che ciascuno di essi segua il proprio comportamento. In alternativa, si potrebbe sostenere che il mondo non è guidato da nessuno e che l'apparente organizzazione del mondo è il risultato di forze cieche che agiscono sui semi. Cieche forze meccaniche creano l'ordine da sole.

Anassagora rifiuta entrambe le alternative e prende una via di mezzo. Da un lato, sembra ragionare, le forze meccaniche arbitrarie non sono sufficienti a garantire che il mondo sia organizzato. Senza un potere organizzativo, i semi che compongono il mondo sarebbero mescolati tra loro in una miscela uniforme, piuttosto che essere oggetti separati.

D'altro canto, il potere organizzativo non è un dio con una personalità e una volontà personale. Non c'è alcun motivo di presumere che sia un "qualcuno" che pensa ed agisce intenzionalmente e che impone sul mondo qualche fine preconcetto. In effetti, Platone e Aristotele furono delusi dalla teoria di Anassagora, giacché negava che l'universo avesse un ordine morale assoluto.

Anassagora chiama questa forza "Nous" che in greco significa "Mente". Questa Mente cosmica fa sì che i semi del mondo si aggreghino in oggetti separati con qualità specifiche, che seguono modelli specifici di comportamento. Organizza così il mondo in un tutto intelligibile.

*Alcuni **concetti chiave** su cui riflettere:*

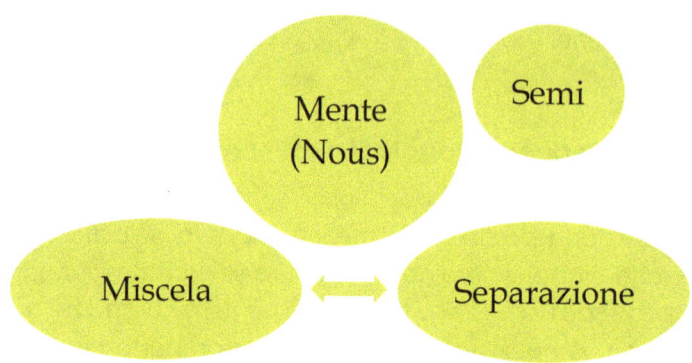

Contemplando

Oggi rimangono solo frammenti del libro di Anassagora, ma sembra che fosse principalmente interessato a spiegare il mondo naturale e meno interessato alla vita umana e alla psicologia. Tuttavia, per avvicinare la nostra contemplazione all'esistenza, noi possiamo allargare la sua teoria per includere anche le vite umane. Questa teoria ampliata direbbe che pure le nostre esistenze personali seguono un ordine intellegibile creato dall'azione della Mente. Ecco perché possiamo discernere nella vita di una persona, fasi, processi, sviluppi specifici e possiamo dire cose intelligenti su di essi. La vita è governata da un ordine intellegibile, un'idea che emerge più e più volte nel corso della storia della filosofia e della scienza in molte varianti differenti.

Qual è l'ordine intellegibile che caratterizza la vita ed il mondo? E ad un livello personale, qual è l'ordine intellegibile che caratterizza la tua vita personale?

La risposta di Anassagora, in termini di Nous, è enigmatica. Cosa significa che una Mente cosmica mantiene l'ordine e l'organizzazione nel nostro mondo e nella nostra vita?

1. *Contemplazione testuale*

Per rispondere a questa domanda, contempliamo sulle stesse parole di Anassagora, concentrandoci su quelle sezioni che trattano del Nous. Leggi lentamente i seguenti brani, assapora le parole e le immagini, e prova a discernere cosa ti dicono su come il Nous plasma il tuo mondo.[3]

12. Tutte le altre cose contengono una parte di ogni cosa, mentre il Nous è infinito e autonomo, e non è mescolato con niente, ma sta solo in se stesso. Perché se non fosse in se stesso, ma fosse mescolato con qualsiasi altra cosa, avrebbe una parte di tutte le cose, se fosse mescolato con qualcosa. Perché in tutte le cose vi è una parte di tutto, come ho detto prima. E le cose mescolate con esso gli impedirebbero di avere su qualsiasi cosa il potere che ha ora quando è solo per se stesso. Perché è la più sottile di tutte le cose e la più pura, ed ha tutta la conoscenza di tutto, e ha il più grande potere. Il Nous ha il potere su tutte le cose che hanno vita, dalle più grandi alle più piccole.

... E tutte le cose che sono mescolate insieme e separate e distinte l'una dall'altra sono tutte conosciute dal Nous. Ed il Nous mise in ordine tutte le cose che sarebbero state, e quelle che erano e non sono ora, e quelle che sono ora.

2. Contemplazione visiva

Tenendo presente la visione di Anassagora, esamina con calma il disegno in questo capitolo. Annota qualsiasi intuizione o immagine che ti viene in mente, e cerca di articolare quello che ti dice sulla natura del Nous cosmico.

3. Contemplazione tematica

Se esiste una Mente cosmica, allora come si rapporta con me e con la mia mente individuale? E come dovrei rapportarmi con essa?

Più in generale, in che modo l'esistenza della Mente cosmica influenzerebbe la mia vita e la mia mente individuale?

Semi di contemplazione

Ecco alcuni semi che potrebbero aiutarci per arricchire la nostra contemplazione su questi temi:

a) La metafora di **una mente dentro una mente**: io non sono una mente isolata, perché la mia mente è dentro una più grande, la Mente cosmica. Proprio come la mia mente umana contiene pensieri ed esperienze, alla stessa maniera la Mente cosmica deve contenere tutte le idee e le esperienze del cosmo, compresa la mia. In questo senso, la mia mente è una piccola parte della Mente cosmica. E anche se so che questa parte è molto piccola, sono tuttavia ispirato dalla conoscenza che sono una parte di una Mente vasta.

b) Il concetto di **visibilità**: se il cosmo ha una Mente che comprende ogni cosa nel mondo, me compreso, allora mi conosce totalmente. Conosce ognuno dei miei pensieri ed esperienze, le mie speranze, le mie paure ed intenzioni. Pertanto, sono totalmente visibile alla Mente cosmica, e non vi è niente che le si possa nascondere. Di fronte al volto della Mente onnisciente, non ho privacy, nessun segreto, nessun nascondiglio. Mi sento totalmente nudo davanti alla comprensione della Mente.

c) Il concetto della ***mia vita intellegibile***: se la Mente cosmica controlla tutto ciò che accade nella mia esistenza, allora dovrei essere sollevato nel sapere che la mia vita è intellegibile, pur se non riesco io stesso a comprendere come. Ciò che appare essere arbitrario e senza senso nella mia vita in verità non lo è. E sebbene io possa non comprendere qual è il senso della mia vita, posso credere che la mia vita non è vana.

Capitolo 6

DEMOCRITO – TUTTO È FATTO DI ATOMI

Introduzione

Democrito (circa 460-370 a.C.) era un filosofo greco che visse nella città di Abdera, nella Grecia odierna. Egli è molto conosciuto oggi per la sua teoria degli atomi, che richiama alla mente la teoria atomica moderna (sebbene i particolari sono molto differenti).

Secondo alcune fonti, Democrito ricevette la teoria degli atomi dal suo maestro Leucippo, di cui si conosce molto poco. Dunque, è impossibile determinare oggi quali parti della teoria atomica di Democrito siano originariamente suoi, e quali parti provengano dal suo maestro. In ogni caso, la teoria atomica di Democrito prevede che il mondo sia fatto di "atomi" che sono particelle indivisibili, solide, immutabili e indistruttibili, e che si muovono nel vuoto.

È possibile che questa teoria sia stata una reazione a Parmenide, che aveva sostenuto che l'Essere non può trasformarsi nel non-essere, o essere creato dal non-essere (nulla). La teoria atomica di Democrito sostiene che le basilari unità della realtà, o atomi, sono immutabili e non possono mai trasformarsi in Nulla. Ancora, a differenza della teoria di Parmenide, spiega pure come movimento e cambiamento siano possibili, in termini di diverse disposizioni degli atomi.

Riflettendo: L'intero è soltanto la somma delle parti?

Quando ci guardiamo intorno, vediamo oggetti materiali come alberi e rocce, sedie e case. Ma anche se ciascuno di questi oggetti può apparire come un'unità intera, sappiamo che è costituito da parti più piccole. Una casa, per esempio, è fatta di muri, finestre, porte e un tetto. E ciascuna di queste parti può essere scomposta in parti più piccole, che a loro volta sono divisibili in parti sempre più piccole. Quanto sono piccole le parti più piccole?

Democrito giunse alla conclusione che ogni cosa in natura è fatta di minuscole particelle di base. Egli le concepì come atomi solidi ed indivisibili (indivisibili nel suo significato greco) che si muovono nel vuoto. Non conosciamo le considerazioni precise che lo condussero a questa visione, giacché la maggior parte dei suoi scritti sono andati persi. Ma è degno di nota che altri filosofi del 5° secolo a.c. come Empedocle ed Anassagora, proposero pure che gli oggetti materiali fossero costituiti da piccoli elementi di base, sebbene di diverso genere. Anche le teorie scientifiche moderne vedono gli oggetti materiali come composti da particelle microscopiche, molecole, atomi, particelle subatomiche, anche se sulla base di prove scientifiche che non erano disponibili per Democrito.

L'idea che gli oggetti materiali siano costituiti da particelle può non sembrare sorprendente, poiché sappiamo per esperienza che gli oggetti familiari possono essere fatti a pezzi. Ma finora abbiamo parlato di oggetti inanimati. Può lo stesso valere per gli animali, gli uomini e persino per me stesso?

Nello specifico, è possibile che il mio stesso pensiero, o il mio mal di testa, il mio amore o la mia paura siano anche composti da piccole invisibili particelle che si muovono nel vuoto? Infatti, è possibile che io stesso non sia un io unitario come io stesso mi percepisco, ma un insieme di tanti elementi?

La risposta di Democrito: Anche io sono fatto di atomi

Democrito asserisce che ogni cosa in natura è composta di atomi, e questo include gli esseri umani, i loro pensieri, sentimenti, ed esperienze. Anche se abbiamo oggi pochissimi frammenti dei suoi scritti, molti pensatori successivi dell'antichità hanno spiegato la sua teoria con qualche dettaglio in più.

Secondo loro, Democrito credeva che le qualità percettive come il colore o il gusto sono mere "convenzioni", in altre parole, opinioni umane artificiali che non riflettono la realtà. Quando guardiamo un oggetto, le nostre percezioni sono cieche agli atomi di cui è fatto, ed ecco perché noi lo percepiamo come una cosa unitaria con certe qualità come colore o struttura.

Inoltre, non solo le cose che percepiamo, ma anche l'atto percettivo in sé può essere spiegato in termini di atomi. Nella percezione visiva, per esempio, le immagini composte da un sottile strato di atomi volano dalla superficie degli oggetti negli occhi. Allo stesso modo, il gusto è il risultato degli atomi di diversi tipi che colpiscono le nostre lingue in maniere diverse. Altri stati mentali ed esperienze, come il pensare, possono essere spiegati in termini di atomi e del loro movimento. Infine, anche le anime degli esseri viventi sono fatte da atomi.

I particolari delle teorie di Democrito non dovrebbero interessarci in questa sede. Dalla prospettiva della scienza moderna sono sbagliate. Il punto generale, comunque, è importante: che non solo oggetti materiali fuori di noi, ma anche noi stessi e i nostri stati mentali siamo composti da particelle invisibili in movimento.

*Alcuni **concetti chiave** su cui riflettere:*

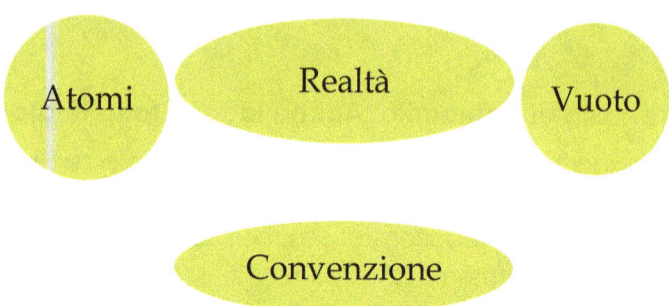

Contemplando

La visione di Democrito sembra contraddire il modo in cui facciamo esperienza di noi stessi. Io normalmente sperimento me stesso come uno, un'unità, una singola persona, non come un ammasso di atomi separati che si muovono. Inoltre, ciascuna delle mie esperienze la sento come una sola. Il mio dolore è un sentire unitario, non un insieme di particelle mobili; e lo stesso succede per il mio prurito, la mia paura, la mia speranza, la mia percezione del rumore: ognuno di questi sembra essere un tutt'uno.

Democrito (forse come certi scienziati moderni) ci dice che questa è un'illusione, e che io non sono infatti unitario come sembro essere, ma sono piuttosto composto da atomi, proprio come qualunque altra cosa nell'universo. Ma è davvero possibile che io mi sbagli così radicalmente su me stesso? Io che esperisco me stesso dall'interno, dalla più intima prospettiva possibile, posso forse vivere nell'illusione riguardo il tipo di cosa che sono?

1. Contemplazione testuale

Per contemplare sui due testi seguenti, leggili attentamente, molto più lentamente del solito. Puoi sentire che la tua mente diventa impaziente e "vuole" correre avanti tra le parole senza digerirle completamente. Resisti a questo impulso. Assapora ogni parola ed immagine, meravigliati di loro, e nota come danno vita ad una gamma di significati.[4]

> *Per convenzione il dolce è dolce, l'amaro è amaro, il caldo è caldo, il freddo è freddo, il colore è colore. Ma in realtà, ci sono solo atomi e vuoto*

Il seguente brano è di Aristotele (che visse circa tre generazioni dopo Democrito), dal suo libro "De Anima" (sull'anima). Qui egli spiega che Democrito credeva che le anime fossero composte da piccoli atomi sferici, e la loro dimensione e forma spiegano perché, come gli atomi di fuoco, sono in continuo movimento:[5]

> *"Alcuni sostengono che ciò che origina il movimento sia prevalentemente e principalmente l'anima. Questo è ciò che ha portato Democrito a dire che l'anima è una sorta di fuoco o sostanza calda. Le sue "forme" o atomi sono in numero infinito. Quegli atomi che sono di forma sferica li chiama fuoco e anima e li paragona alle particelle dell'aria che vediamo nei fasci di luce che entrano dalle finestre. Il miscuglio di semi di ogni tipo viene chiamato elemento di tutta la natura (Leucippo ne dà un resoconto simile).*

> *Gli atomi sferici li identifica con l'anima, perché gli atomi di quella forma sono i più adatti a permeare ovunque e a mettere in movimento tutti gli altri atomi essendo essi stessi in movimento.*

2. Contemplazione visiva

Dopo aver digerito l'idea di base di Democrito, torniamo al disegno che troverai in questo capitolo. Fai scivolare lentamente i tuoi occhi su di esso, e fermati delicatamente su ogni particolare che attragga la tua attenzione. Ascolta interiormente ciò che ti suggerisce.

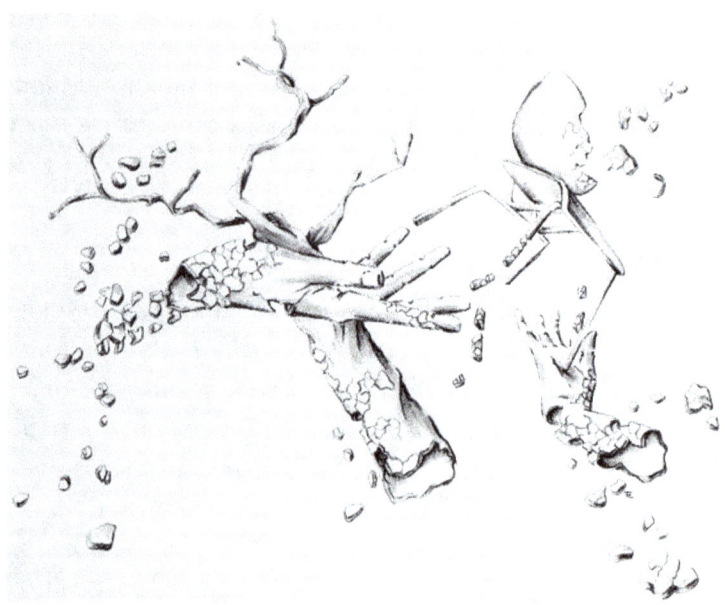

3. Contemplazione tematica

A prescindere dalla correttezza o meno della teoria dell'atomismo, essa si scontra chiaramente con il modo in cui sperimentiamo noi stessi come un unico sé unificato. Cosa mi dice di me stesso il fatto di percepirmi come unità?

Semi di contemplazione

I seguenti "semi di contemplazione" potrebbero servire come punti iniziali per la tua contemplazione. Scegline uno (oppure creane uno tu stesso) e lascialo crescere e dispiegalo nella tua mente.

a) L'immagine del **cercatore di significato**: la mia mente si sforza di dare senso a se stessa, e quindi cerca di trovare, o inventare, vie per collegare gli elementi della mia vita in una storia significativa. La mia mente è un cercatore di significato. Questo è il perché io sperimento la mia vita non come un insieme di eventi e elementi separati, ma come una storia di vita unificata che accade a una singola persona. In altre parole, la mia mente rappresenta i miei pensieri, i miei dolori, le mie azioni e le mie conversazioni come aspetti di un unico sé unificante.

b) L'immagine del **dirigente d'azienda**: Sono composto da un ampio numero di particelle, ma sarebbe poco pratico, anzi impossibile, essere consapevole di tutte. Per controllare il mio comportamento, ho solo bisogno di essere consapevole dei contorni principali del mio corpo, della mia mente e del mio ambiente, ignorando i loro tanti dettagli. Di conseguenza, non sono consapevole delle particelle minuscole che compongono me ed il mio mondo, ma soltanto della loro configurazione complessiva. Sono come il dirigente d'azienda che è consapevole dell'attività su larga scala della sua impresa, ma non di ogni singolo lavoratore.

c) Il concetto di ***cercatore spirituale***: la coscienza di me stesso come unità è frutto del desiderio spirituale di trovare armonia e completezza nella vita, in me stesso, così come nel mondo intorno a me. Come un cercatore spirituale, io cerco completezza, cerco il Tutto. Ecco perché quando sono nella natura, spesso sperimento armonia e bellezza. Ed ecco perché percepisco me stesso come un intero essere.

Capitolo 7

I Sofisti – LA VERITA' È RELATIVA

Introduzione

Nel 5° secolo a.C. un nuovo modello di intellettuali emerse nell'antica Grecia: i sofisti. Essi erano pensatori che prestavano il loro servizio come educatori professionali, insegnando a parlare in pubblico, insegnavano l'arte dell'argomentazione, e argomenti correlati. Non erano una scuola di pensiero organizzata, ma piuttosto singoli pensatori che rispondevano alle nuove condizioni sociali le quali producevano una crescente domanda di attività pubblica e competenze politiche. Di conseguenza, erano meno preoccupati della verità che all'arte del convincimento, e meno interessati alle teorie in via di sviluppo che all'abilità della ragione a supporto di qualsiasi opinione espressa, per quanto assurda potesse sembrare.

Il termine "sofista" proviene dalla parola greca "sophia", saggezza, ma a causa della loro reputazione assunse connotazioni negative, intendendo l'individuo che distorce le idee al solo scopo di vincere una discussione.

> I sofisti non hanno una teoria filosofica unitaria, ma non sorprende che molti di loro credono che la verità sia relativa. Uno dei più prominenti sofisti fu Protagora (circa 490-420 a.C.), delle cui visioni parleremo in questo capitolo. Diogene Laerzio, che visse sei secoli dopo di lui, scrisse: "Protagora fu il primo che chiese ad un suo allievo di essere pagato, fissando la parcella in cento *mine*... Egli basò le sue argomentazioni sulle parole e fu il padre delle attuali superficiali e futili tipologie di discussione".[6]

Riflettendo: La verità è oggettiva?

Nella vita quotidiana, spesso ci troviamo in disaccordo su diverse questioni: quale sarebbe il miglior candidato a presidente? Gli assassini dovrebbero avere la pena di morte? Quanto è diffuso il razzismo nella nostra società? Il mondo degli affari discrimina le donne? In alcuni di questi casi c'è un modo per determinare chi ha ragione e chi torto: ad esempio, esaminando attentamente i fatti o consultando una fonte affidabile. Ma in molto altri casi pare che non ci siano evidenze definitive sia in un lato che nell'altro.

È particolarmente difficile risolvere le divergenze di opinione su questioni di etica, estetica, religione e simili che coinvolgono i valori. Su questi argomenti di solito non vi sono procedure oggettive, accettate da tutte le parti in causa, per determinare chi ha ragione. Un'argomentazione può sembrare convincente per una parte e non per un'altra, e finché le due parti non concordano su come valutare le argomentazioni, il disaccordo non può essere risolto.

Noi tutti ci siamo probabilmente trovati in dibattiti del genere che sembrano irrisolvibili. Ma questo cosa dimostra?

Vuol dire semplicemente che una parte nel dibattito è troppo ostinata per ammettere che sta sbagliando? O che nelle questioni di valori non c'è giusto o sbagliato? Dobbiamo rinunciare all'idea di verità oggettiva e accettare che quello che è vero per me può non esserlo per te?

La risposta di Protagora: la verità è una questione di opinione

Gli scritti di Protagora sono andati perduti, ma sulla base di pochi commenti e delle citazioni di pensatori successivi che sopravvivono oggi, sembra che effettivamente abbia affermato che in materia di valori, specialmente etici e politici, non vi è oggettiva verità o oggettiva falsità. Ciò non è semplicemente perché la gente ha convinzioni diverse, ma che nessuna procedura neutrale può determinare chi abbia ragione. Le argomentazioni che supportano una determinata convinzione, dichiarava Protagora, sono egualmente valide quanto quelle opposte. Ne consegue che la verità non può essere determinata da alcun metodo accettabile, dunque è una questione di opinione, in altre parole, relativa ai singoli individui.

Questo, comunque, non vuol dire che tutti i convincimenti abbiano il medesimo valore. Pur se dobbiamo rinunciare al tentativo di scoprire quale di essi sia oggettivamente vero, possiamo ancora cercare di determinare quale di essi sia più utile. Per esempio, sebbene sia impossibile determinare se la generosità sia o meno una virtù in senso assoluto, possiamo tuttavia domandarci se la generosità sia un mezzo utile per creare felicità e prosperità.

*Alcuni **concetti chiave** su cui riflettere:*

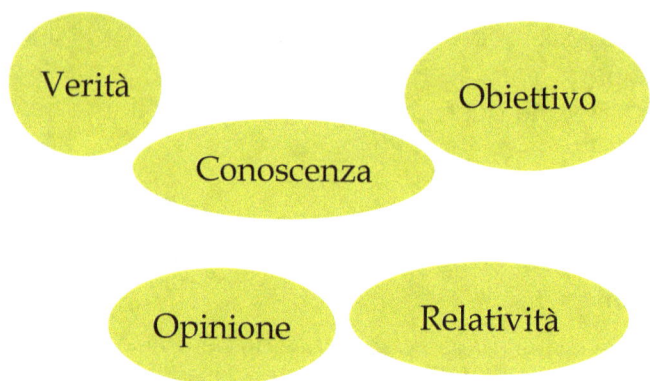

Contemplando

Nel mondo di oggi, la posizione di Protagora può non sembrare sorprendente. Come lui, molte persone oggigiorno sono convinte che in materia di valori nessun argomento razionale può determinare conclusivamente chi ha ragione e chi ha torto. Interessante, comunque, che questo non freni tanti di noi dal dibattere sui valori, e dal farlo piuttosto appassionatamente o anche aspramente. Spesso ci sentiamo praticamente obbligati a difendere le nostre convinzioni quando vengono criticate, ci sentiamo irritati quando i nostri valori vengono derisi, sentiamo l'urgenza di mostrare ai nostri avversari i loro errori e diventiamo impazienti ed appassionati nel dibattito.

Può apparire strano trovare noi stessi ad essere così polemici se non crediamo che esista una verità oggettiva e universale. Sembra che qualcosa in noi si ribelli alle nostre dichiarazioni relativistiche e si rifiuti di accettare che la verità sia relativa. I nostri valori sembrano non essere solo idee oziose che giacciono passivamente nella nostra mente, ma qualcosa di più simile ad una forza che ci anima ad agire con impegno e passione. E questo solleva l'interrogativo: come dovremmo comprendere questo fatto curioso? O più in generale, cosa vuol dire credere in un valore?

Per contemplare su questo argomento, puoi considerare un esempio personale di un valore che senti molto fortemente, e che recentemente ti ha messo sulla difensiva o in discussione.

1. *Contemplazione testuale*

Nella contemplazione, la nostra mente deve essere fresca e attenta, e quindi il più possibile libera da pensieri automatici e opinioni a priori. Se ci ritroviamo a ripetere le nostre opinioni abituali, non siamo probabilmente e completamente in uno stato mentale contemplativo.

Una maniera per aiutare la mente a mantenere la sua apertura mantenersi aperta è rallentare il suo normale ritmo per farla uscire da gli schemi ordinari di pensare i suoi schemi familiari di pensiero. Così, per contemplare sul seguente breve testo, puoi copiarlo sul tuo quaderno con attenzione e cura, scrivendo ogni parola molto lentamente e nel modo più bello possibile. La scrittura lenta ed accurata ha il potere di allontanare la mente dalla sua automaticità e aprirla ad intuizioni inaspettate. Puoi anche provare a scrivere la stessa frase diverse volte e ripetutamente.

Come nostro testo di contemplazione, useremo Diogene Laerzio, un biografo dei filosofi greci che visse circa sei secoli dopo Protagora, e probabilmente ebbe accesso ad alcuni suoi scritti e detti trascritti. Egli citò Protagora come segue:[7]

In ogni questione vi sono due argomenti esattamente opposti l'uno all'altro.

> *L'uomo è la misura di tutte le cose di quelle che esistono, che sono; e di quelle che non esistono, che non sono.*
>
> *Per quanto riguarda gli dei, non sono in grado di saper con certezza se esistono o non esistono. Perché ci sono molte cose che impediscono di saperlo, specialmente l'oscurità dell'argomento, e la brevità della vita dell'uomo.*

2. Contemplazione visiva

Siediti in silenzio e osserva il disegno che trovi in questo capitolo, lasciando che i tuoi occhi scivolino lentamente e delicatamente sui suoi diversi elementi. Se un particolare aspetto del disegno ti intriga, chiediti cosa potrebbe dirti sul tema di verità e relatività.

3. Contemplazione tematica

Affermazioni come "Tutto è relativo!" sono oggigiorno comuni, eppure come abbiamo già notato, non è facile respingere la verità oggettiva, perché la maggior parte di noi ci tiene molto. Noi di solito investiamo sforzi, tempo e danaro per il bene delle nostre convinzioni, a volte rischiamo persino la vita per esse. Evidentemente, non percepiamo le nostre verità come una questione di gusti personali arbitrari. Come, allora, le percepiamo? Come vivo "la mia verità", e cosa significa per me?

Semi di contemplazione

Per contemplare su questo argomento, usiamo uno dei seguenti "semi di contemplazione" come punto di partenza.

a) La metafora della **richiesta interiore**: vivo la mia verità non come una idea inerte da adottare o rifiutare a piacimento, ma come una richiesta attiva a me indirizzata. Quando credo veramente in un valore morale, sento che mi invita ad essergli fedele, mi spinge a difenderlo, a tenerlo in mente, e magari a mostrarlo agli altri. Non posso restare indifferente, ed anche quando decido di evitarlo, richiede da parte mia uno speciale sforzo interiore, esitazione e sensi di colpa.

b) La metafora del **custode**: quando accetto un valore come mia verità, l'accetto come qualcosa di prezioso che mi è stato affidato. Accettandolo acconsento di custodirlo e nutrirlo, proprio come un animale prezioso o fiore che mi è stato affidato. Da adesso sono il suo custode, e sono personalmente responsabile della sua protezione.

c) Il concetto di **fedeltà**: il mio valore personale non è semplicemente un'opinione, ma un ideale a cui sono fedele. Se credo in qualche valore solo astrattamente, senza alcun impegno o passione, allora questo convincimento non è ancora una verità personale. Una verità personale è una visione che mi anima e mi ispira, e quindi qualcosa che mi motiva ad esserle fedele.

PARTE B

I FILOSOFI ATENIESI

L'antica Grecia non era un unico Paese, ma era divisa in una serie di città-stato, ognuna con un proprio sovrano. Nel V secolo a.C., la città-stato di Atene si impose nel mondo greco in termini di ricchezza, potere e cultura. Nel V e IV secolo, nell'antica Atene, comparvero tre grandi filosofi: Socrate, il suo allievo Platone e l'allievo di Platone Aristotele (nato in Macedonia, nella Grecia settentrionale, ma giunto ad Atene per studiare con Platone). Le loro filosofie, benché molto diverse tra loro, esercitarono una profonda influenza sul pensiero occidentale per molti secoli, soprattutto nel periodo medievale e rinascimentale. È difficile immaginare la storia della filosofia occidentale senza di loro.

Capitolo 8

Socrate – La cura dell'anima

Introduzione

Socrate (470-399 a.C.) fu un importante filosofo della Grecia Antica, la cui influenza nella storia della filosofia occidentale è stata profonda. Egli è conosciuto principalmente attraverso gli scritti dei suoi allievi Platone e Senofonte, nonché le opere teatrali di Aristofane. Visse ad Atene, ed aveva l'abitudine di trascinare le persone che incontrava in discussioni filosofiche. Avrebbe messo in dubbio le loro convinzioni su alcuni concetti: come il coraggio, o la virtù, ecc., chiedendo loro una definizione di quel concetto. Mediante un dialogo fatto di domande e risposte, avrebbe dimostrato loro che non sapevano ciò che pensavano di sapere.

Alla fine Socrate fu accusato da alcune autorità ateniesi di corrompere la gioventù e di empietà, e dopo un breve processo fu dichiarato colpevole, condannato a morte e portato in prigione. Egli rifiutò le proposte dei suoi amici di scappare, e fu giustiziato bevendo veleno. I suoi fedeli discepoli, tra i quali il giovane che sarebbe poi diventato il grande filosofo Platone, continuarono a coltivare la sua saggezza e integrità.

Giacché Socrate non scrisse niente, in questo capitolo ci concentreremo su cosa scrisse il suo discepolo Platone, nel suo libro Apologia, che riporta il processo e l'esecuzione del suo maestro. Qui Platone cita il discorso di autodifesa di Socrate davanti al tribunale di Atene che lo condannò a morte.

Riflettendo: Come dovrei prendermi cura della mia anima?

A differenza della maggioranza della gente, Socrate non si preoccupò di avere ricchezza, fama, potere politico e neanche comodità e sicurezza. Come spiegò nel suo discorso riportato da Platone nell'Apologia: è più importante prendersi cura della propria anima che di qualsia altra cosa. Curiosamente, osserva, la maggior parte della gente ha cura del proprio danaro o del proprio corpo o della propria reputazione, mentre trascura la propria anima.

Cosa vuol dire, dunque, prendersi cura della propria anima? E perché è così importante?

La risposta di Socrate: conoscere se stessi

Per Socrate, ti prendi cura della tua anima quando ti assicuri di vivere una vita degna di essere vissuta. Questa è una vita etica, una vita di virtù, giustizia e ragione.

Comunque, per raggiungere questo obiettivo, devi esaminare te stesso ed arrivare a conoscerti. Questo perché vivere correttamente non accade da solo. Al contrario, la nostra tendenza automatica è quella di cercare piaceri superficiali, di seguire ciecamente la folla, di agire senza pensare secondo le regole sociali. Vivere una vita degna di essere vissuta richiede conoscenza e conoscenza di sé.

Dunque, per prenderti cura della tua anima devi esaminare te stesso, specialmente le tue convinzioni e i presupposti su cui si fondano. Non puoi dare per scontato che le idee ed i valori che hai interiorizzato siano corretti. Non puoi semplicemente presumere che le tue tendenze automatiche, le tue intuizioni o il tuo buon senso siano affidabili. Non puoi essere sicuro che ciò che ti sembra giusto sia davvero giusto. Devi usare la ragione per mettere in discussione le tue idee sulla vita ed esaminarle criticamente: che cosa è la virtù? Che cosa vuol dire essere onesti o coraggiosi? Cos'è la giustizia? E così via.

Prendersi cura della propria anima richiede un auto-esame, e per questo Socrate disse nell'Apologia: "La vita non esaminata non vale la pena di essere vissuta". Tale auto-esame è ciò che riguarda la filosofia. Esaminarsi è filosofare.

*Alcuni **concetti chiave** su cui riflettere:*

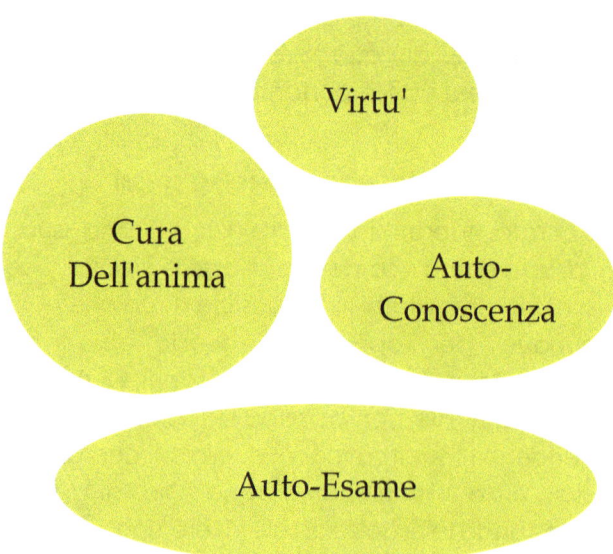

Contemplando

Giacché per Socrate prendersi cura della propria anima richiede un autoesame, potremmo chiederci cosa si intenda per autoesame. Esistono diversi tipi di autoesame: esaminare la propria vita emotiva, esaminare le proprie opinioni e la loro ragionevolezza, esaminare le radici infantili del proprio comportamento, ecc. Quale tipo di autoesame è il migliore per promuovere una vita degna di essere vissuta? Oppure, se sono tutti importanti, lo sono allo stesso modo o alcuni sono più importanti di altri?

Socrate favorisce un esame razionale delle proprie convinzioni. Nelle sue conversazioni sfida tipicamente il suo interlocutore a definire qualche concetto, e poi sottopone la definizione proposta a un esame razionale. Ma qui ci si può chiedere: un esame razionale delle idee astratte è davvero una modalità efficace per conoscere se stessi e prendersi cura della propria anima? Non sarebbe preferibile un auto-esame più concreto e personale?

Per contemplare su questo tema in maniera personale, possiamo consultare la nostra esperienza di vita. Possiamo ringraziare Socrate per aver presentato l'argomento in modo così forte, ma adesso spetta a noi formulare di cosa significhi esaminare noi stessi in modo efficace.

1. *Contemplazione testuale*

Leggi le parole di Socrate lentamente e con delicatezza, gustandole con cura. Cerca di discernere la visione di Socrate della cura per l'anima e dell'esame di sé, e rifletti su quanto possa essere efficace questa visione.

Ciò che segue è tratto dall'Apologia di Platone, che riporta il discorso di Socrate nel suo processo:[8]

Finché avrò vita e forza non smetterò mai di praticare ed insegnare filosofia, ed esorterò chiunque incontri nel mio solito modo, e gli spiegherò dicendo:

"O amico mio, perché tu, che sei un cittadino della grande, potente e saggia città di Atene, ti preoccupi così tanto di accumulare la maggior quantità di danaro, onore e reputazione, e così poco della saggezza, della verità e della massima crescita dell'anima, che non prendi per niente in considerazione? Non ti vergogni di questo?

E se la persona con cui sto dibattendo risponde: "Sì, ma m'interessa", allora non me ne vado né lo lascio subito andare. Lo interrogo e lo esamino e lo contro interrogo, e se penso che non ha virtù, ma dice solamente di averne, lo rimprovero per aver sottovalutato ciò che è più importante, e sopravvalutato ciò che lo è di meno. E questo dirò a chiunque incontri, giovani ed anziani, cittadini e stranieri, ma specialmente ai cittadini, che sono miei fratelli.

...

Se dico che il più grande bene dell'uomo è dialogare quotidianamente sulla virtù e su tutto ciò di cui mi senti esaminare me stesso e gli altri, e che la vita non esaminata non è degna di essere vissuta; è meno probabile che tu mi creda. Eppure ciò che dico è vero, sebbene sia difficile per me persuaderti.

2. *Contemplazione visiva*

Accogli nella tua mente l'idea di Socrate di prendersi cura della propria anima, e quindi scruta attentamente il disegno che troverai in questo capitolo. Cogli il senso di uno sguardo generale e del suo significato, e nota se qualche dettaglio particolare ti sembra intrigante o significativo.

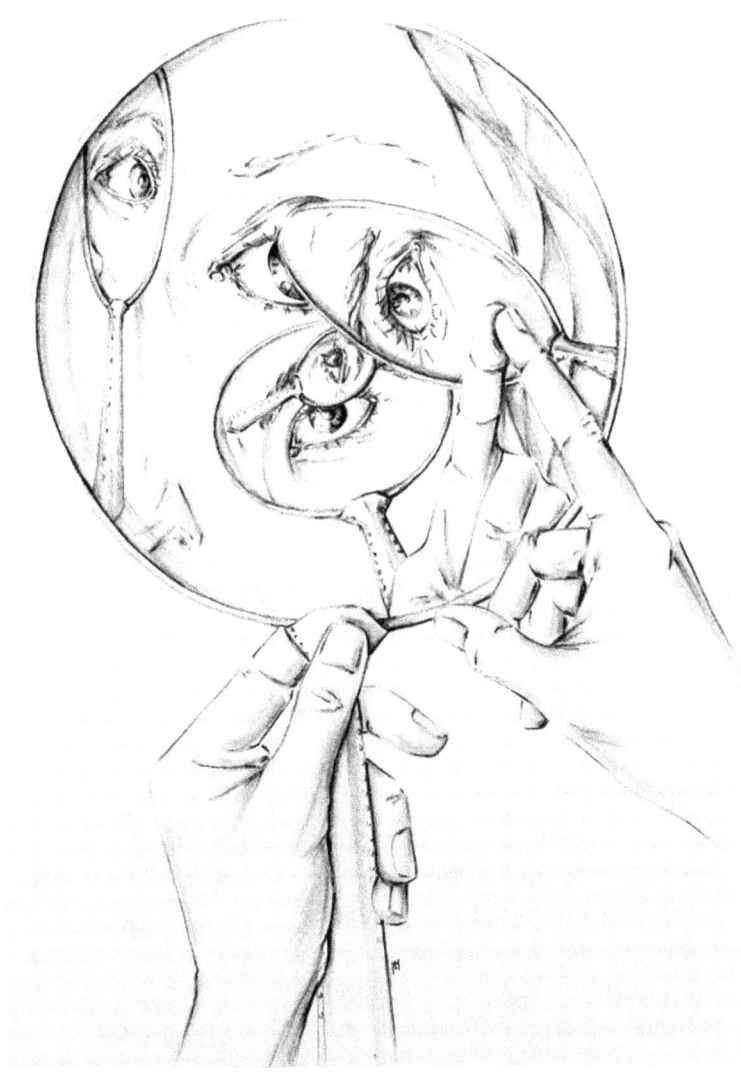

3. Contemplazione tematica

Come già rilevato, l'approccio di Socrate all'auto-esame impiega un ragionamento astratto, e uno può chiedersi se è il modo migliore per il miglioramento di se stessi. Analizzando la definizione universale di virtù, per esempio, può non sembrare dire molto sul mio percorso personale verso la virtù.

Più in generale, se il nostro fine è quello di elevare le nostre esistenze, allora non tutti i metodi per esaminare noi stessi sono ugualmente validi. Dunque, il nostro interrogativo per la contemplazione è: quale tipo di auto-esame può aiutarci meglio a trasformare il nostro modo di vivere?

Semi di contemplazione

Per contemplare su quest'argomento, possiamo utilizzare uno dei seguenti semi di contemplazione:

a) Il concetto di **ispirazione per il cambiamento di sé**: l'auto-esame può aiutarmi a cambiare me stesso quando mi dona non soltanto informazioni impersonali su me stesso, ma anche l'ispirazione per cambiare. Questo può succedere quando il mio auto-esame produce nella mia mente una comprensione che mi tocca, mi scuote, mi riempie di stupore o desiderio, motivandomi così a trasformare me stesso.

b) La metafora del **cercatore dentro di me**: in una modalità razionale di auto-esame, come quello proposto da Socrate, impiego la parte intellettuale della mia mente. Ma vi sono altri aspetti della mia mente che possono anche servire come indagatori, forse più efficaci. Per cui, quando il mio auto-esame è condotto dalle dimensioni esperienziali o spirituali della mia mente, la conoscenza di sé che ne risulta è probabilmente più profonda e di maggior impatto.

c) Il concetto di **conoscenza amorosa**: nell'auto-esame intellettuale esamino me stesso attraverso pensieri ed idee. Ma in alternativa, posso anche esaminare me stesso attraverso l'amore. Anche l'amore ha una sensibilità che può servire come mezzo per conoscere. Quando mi relaziono alla vita con amore, imparo a conoscere me stesso attraverso l'esperienza dell'amore, proprio come le mie dita imparano la forma di un oggetto attraverso l'esperienza del tatto.

Capitolo 9

P LATONE – I LIVELLI DELL'AMORE

Introduzione

Platone (428-347 a.C. circa) è senza dubbio considerato uno dei più grandi filosofi della storia del pensiero occidentale. Crebbe nell'antica Atene e da giovane divenne un allievo di Socrate. Dopo la morte di quest'ultimo egli fondò la scuola che divenne nota come "L'Accademia" e che continuò ad operare per centinaia di anni. Tra gli studenti di Platone vi era il grande filosofo Aristotele. Molte opere di Platone sono sopravvissute fino ai nostri giorni, a differenza degli scritti di altri filosofi antichi che sono andati dispersi. Le scriveva spesso sotto forma di dialogo, mettendo le sue idee in bocca a Socrate. Gli scritti di Platone influenzarono notevolmente i pensatori successivi, in particolare nel Medioevo e nel Rinascimento.

Nel cuore della filosofia di Platone c'è l'idea che il mondo materiale che percepiamo attraverso i nostri sensi è solo l'ombra di una realtà superiore. Essa può essere colta solo attraverso una forma più elevata di comprensione intuitiva.

La nostra anima anela a trascendere il mondo materiale e raggiungere questa realtà più alta. Le cose materiali, alberi, animali, pietre, case, corpi, ecc., hanno un basso livello di realtà, giacché sono copie imperfette di forme ideali, o "idee".

Ad esempio, la forma triangolare di un tetto è tutt'altro che perfetta - i suoi lati sono storti e anche più spessi rispetto alle linee precise. È un triangolo soltanto perché assomiglia alla forma ideale del triangolo. La conclusione è che le cose materiali sono meno reali delle forme ideali o delle idee. Il nostro mondo materiale, complessivamente, è soltanto una copia imperfetta del mondo perfetto delle idee.

Vi sono molte idee perfette - l'idea di un triangolo, l'idea di un cavallo, e così via, ma la più alta di tutte è la perfezione in sé. Questa è l'idea del bene in sé, della verità in sé, della bellezza in sé, o di ciò che Platone chiama l'Uno. Il nostro anelito verso questa perfezione è l'eros platonico che ci spinge a raggiungere l'alto. Ci spinge anche a filosofare, in quanto la filosofia ha lo scopo di condurci a livelli più alti di comprensione, verso l'Uno che amiamo. In questo senso la filosofia è l'arte di amare.

Riflettendo: Cos'è l'amore?

La visione dell'amore di Platone può essere colta meglio nel suo libro "Il Simposio", che descrive una festa nella quale ogni partecipante deve pronunciare un discorso in lode ad Eros (amore). Socrate è uno di loro, e pure lui tiene un discorso. Le idee che esprime sono apparentemente le idee di Platone, e il personaggio di Socrate è usato solo come espediente letterario.

Nel suo discorso, "Socrate" spiega che l'essenza dell'amore è l'anelito alla bellezza perfetta ed eterna. Al contrario, l'amore per oggetti specifici, per uomini o donne, per oro, per vino, ecc., è un livello inferiore di amore, indirizzato a forme inferiori e imperfette di bellezza. Queste tipologie inferiori di amore falliscono nel soddisfare pienamente l'anelito della nostra anima alla perfezione.

Ma qui ci si potrebbe domandare: se Platone ha ragione e noi desideriamo la perfezione assoluta, allora come sono possibili forme ordinarie di amore? Nella vita di tutti I giorni noi amiamo la gente comune, gli animali domestici, i fiori, i cibi che, come oggetti materiali, hanno difetti e limiti. Le cose che normalmente amiamo non sono perfette, certamente non in maniera assoluta ed eterna. E come è possibile amarle?

Più in generale, qual è la relazione tra il nostro amore ordinario verso gli oggetti ordinari e l'amore per la perfetta bellezza?

La risposta di Platone: riflessi di perfezione

Per Platone, la bellezza perfetta è la fonte della bellezza materiale che noi percepiamo nel mondo materiale. Per cui, sebbene gli oggetti materiali non hanno una bellezza perfetta, possiamo avvertirla vagamente attraverso di loro.

La bellezza parziale di un oggetto riflette la bellezza perfetta, un po' come dei blue jeans sporchi che riflettono il blu puro, o il disegno di un triangolo sulla sabbia che riflette - nonostante la sua imprecisione - l'idea di un triangolo geometrico perfetto. Allo stesso modo, la bellezza di un volto o di un fiore assomiglia alla bellezza in sé.

Questo vuol dire che esistono diversi livelli di realtà: vi è triangolarità di un livello inferiore o imperfetto e triangolarità di un livello superiore o perfetto, ed allo stesso modo bassa quadratura imperfetta e alta quadratura perfetta, bassa cavalleria e alta cavalleria; similmente, bellezza inferiore e bellezza superiore.

Pertanto, la realtà è organizzata su differenti livelli di perfezione o realtà. Gli oggetti materiali che troviamo intorno a noi hanno un basso livello di realtà, ma ne riflettono (o assomigliano ad) una più alta, una realtà non-materiale. Inoltre, quando amiamo un oggetto "basso": un particolare volto, o maglietta o dipinto, quello che ci attrae è la bellezza perfetta che vi è riflessa dentro. Quando pensi di amare un paio di scarpe nella vetrina di un negozio, in realtà la tua anima ama la perfezione in sé. È il desiderio per il livello più alto di bellezza e realtà, che Platone chiama "l'Uno".

Ma se è così, allora non stiamo più parlando dell'amore come un'emozione specifica, ma della natura stessa della realtà in sé. Non siamo facendo solo psicologia umana, ma metafisica!

Alcuni **concetti chiave** su cui riflettere:

Contemplando

In che modo la grande visione metafisica di Platone è rilevante per la nostra esistenza quotidiana? Significa forse che alcune cose nella nostra vita sono più alte e meritano di essere amate, mentre altre sono più basse e quindi il nostro amore per loro è più basso e meno prezioso? E se è così, significa che dovremmo cercare di abbandonare il nostro amore per le cose "basse", come il cibo e i piaceri corporei, e cercare invece di sviluppare forme di amore più elevate?

Per cercare una risposta a questi problemi, contempliamo sull' l'idea di Platone. Il risultato non sarebbe necessariamente fedele alle sue originarie intenzioni, ma la precisione storica non è il nostro fine in questo libro. Stiamo cercando di dialogare con i grandi pensatori ed usare la loro visione come punto di partenza per le nostre intuizioni.

1. *Contemplazione testuale*

Nel suo "Simposio" Platone descrive il percorso dell'amore dal suo livello più basso – l'amore verso un corpo fisico particolare – al più alto livello d'amore, che è l'amore per la Bellezza in sé. Platone mette le parole in bocca a Socrate (come espediente letterario per esprimere le proprie idee), che presumibilmente racconta cosa una saggia di Mantinea gli aveva insegnato.

Gli estratti seguenti descrivono il livello finale dell'amore verso la Bellezza eterna stessa. Per contemplare, leggili con calma e con attenzione gustando le parole e le immagini e facendoli parlare dentro di te.[9]

> *Colui che è stato istruito finora sulle questioni d'amore, e che ha imparato a vedere la bellezza nell'ordine e negli stadi giusti, adesso si avvicina alla fine. Egli immediatamente percepirà una bellezza meravigliosa - e questo, Socrate, è il fine ultimo di tutti i suoi precedenti sforzi. Questa bellezza è, in primo luogo eterna – che non viene e va o cresce e sparisce. E in secondo luogo, non è bellezza da un punto di vista e bruttezza da un altro...*

> ma è solo bellezza, assoluta, separata, semplice ed eterna, senza riduzione, né crescita e né subisce cambiamento. È la bellezza che si riflette in tutte le cose belle.
> ... Ed il vero ordine di progressione nelle cose dell'amore è usare le bellezze degli oggetti materiali come gradini su cui salire verso l'altra bellezza, passando da un oggetto a due oggetti, e da due a tutte le forme belle, e dalle forme belle alle belle azioni, e dalle azioni belle alle belle idee, finché dalle belle idee si arriva alla bellezza assoluta, ed in ultimo a conoscere l'essenza della bellezza.
> "Questo, mio caro Socrate", disse la straniera di Mantinea, "è la vita, la quale è sopra tutte le altre che una persona dovrebbe vivere, nella contemplazione della bellezza assoluta. È una bellezza che, se percepisci una volta, non vorresti cercare più il fascino dell'oro e dei vestiti, dei bei ragazzi e dei giovani, davanti ai quali ora ti incanti quando li guardi..."

2. *Contemplazione visiva*

Esamina tranquillamente il disegno di questo capitolo e nota come ogni differente elemento contribuisca al tutto. Presta attenzione all'orientamento verso l'alto del disegno, e rifletti su cosa ti dice.

3. *Contemplazione tematica*

Secondo Platone, mentre avanzi sulla via della bellezza perfetta perfezione acquisisci saggezza. Ogni passo sulla scala dell'amore ispira in te una maggiore comprensione della bellezza. Come afferma nella citazione sopra: "ed in ultimo conosce l'essenza della bellezza".

Che tipo di conoscenza o saggezza è questa? Come si esprimerebbe nel tuo comportamento, nel tuo stato d'animo, nel tuo atteggiamento verso la vita?

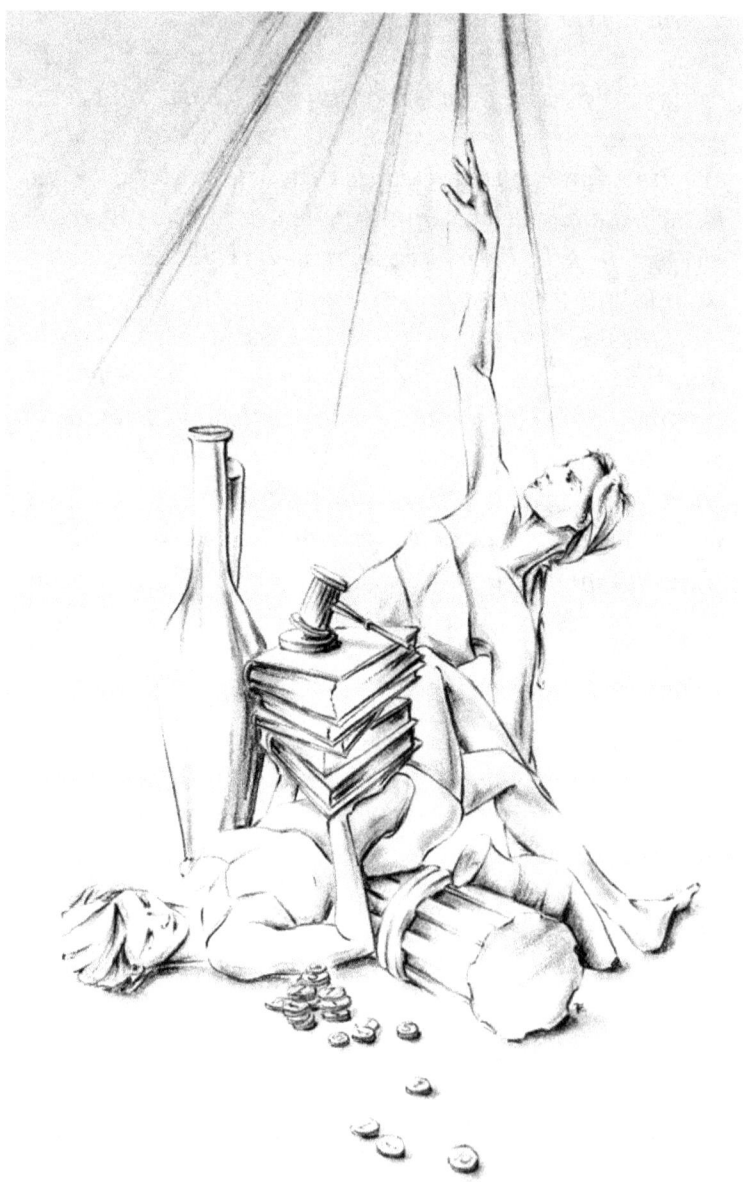

Semi di contemplazione

Sei invitato ad usare una delle seguenti idee come punto di partenza per la tua contemplazione.

a) La metafora degli **orizzonti più grandi**: Quando comprendi l'universalità della bellezza e come la stessa bellezza è riflessa in tutte le cose belle, la tua mente non è più preoccupata per questo o quell'oggetto specifico. Non vedi più il mondo secondo le tue esperienze frammentate. La tua mente adesso si apre fino a vivere nella permanente consapevolezza dei più grandi orizzonti della realtà.

b) La metafora di un **sé superiore**: Dopo aver sperimentato una bellezza superiore, non sei più motivato da preoccupazioni meschine e da interessi banali. Il tuo piccolo io familiare è trasceso e incominci a vivere da un sé superiore. I tuoi pensieri, sentimenti e desideri provengono da una fonte superiore, da una consapevolezza superiore che apprezza le cose più grandi.

c) La metafora di **un viaggiatore che torna a casa**: Dopo aver sperimentato la bellezza assoluta ritorni al tuo piccolo io ed alle tue particolari preoccupazioni. Ma non sei lo stesso. Come un abitante del villaggio che torna a casa dopo un lungo viaggio intorno al mondo, sei diverso da chi non ha mai lasciato il suo piccolo villaggio. Adesso lo sai. Tu puoi apparire un normale abitante del villaggio, ma dentro sei più saggio, e spesso senti desiderio ed incompletezza, (oltre a) emozioni più grandi che i tuoi compaesani non riescono neanche ad immaginare.

Capitolo 10

ristotele – Fioritura

Introduzione

Aristotele (384-322 a.C.) è stato uno dei più importanti filosofi della storia della filosofia occidentale. Nacque in Macedonia, da giovane andò ad Atene per studiare con Platone, e successivamente fu precettore di Alessandro Magno. Le sue opere sono sistematiche, scritte prevalentemente sotto forma di appunti di lezioni e coprono di fatto tutti i campi della conoscenza del suo tempo. Scrisse di metafisica, cosmologia, fisica, matematica, biologia, psicologia, etica, politica ed economia, estetica, musica, poesia e teatro, e questi scritti divennero fondamentali per molti secoli dopo di lui. Tra altro, egli sviluppò la prima teoria sistematica di etica e inventò un sistema di logica formale che dominò la filosofia fino ai tempi moderni.

In netto contrasto col suo maestro Platone, Aristotele non credeva nei livelli più elevati di realtà (come le "idee" di Platone). La sua filosofia tende ad essere orientata verso questo mondo, focalizzata su aspetti specifici della vita o della realtà, ed esplora la loro struttura sistematicamente, a volte sulla base di osservazioni empiriche.

La discussione seguente si focalizza sull'inizio dell'Etica Nicomachea di Aristotele, un importante trattato sui principi dell'etica. Qui Aristotele si occupa dell'"Eudaimonia", che può tradursi dal greco in felicità o fioritura.

Riflettendo: qual è lo scopo della vita?

L'*Etica Nicomachea* di Aristotele inizia con la domanda: qual è lo scopo delle nostre azioni nella vita?

Tutto quello che facciamo è indirizzato a qualche fine: ad un "bene" che desideriamo ottenere. Ma alcuni dei nostri obiettivi non sono in sé importanti; sono solo mezzi per altri scopi. Ad esempio, compri una macchina non per il piacere di possederla, ma per poterti muovere, o forse per far colpo sugli amici, in ultima analisi, per sentirti importante. Ma questa catena del fare qualcosa "per qualcos'altro" non può essere all'infinito. Vi deve essere uno scopo ultimo che non è solo un tramite per qualcos'altro, ma è buono in sé. Questo è il fine di ogni nostra attività nella vita.

Qual è questo scopo ultimo, il ben supremo che possiamo sperare di ottenere mediante le nostre azioni?

La risposta di Aristotele: La Felicità (Eudaimonia)

Aristotele risponde che Eudaimonia, o felicità, è il bene finale che è lo scopo di tutte le nostre azioni (se sono razionali). In effetti, la felicità è buona per se stessa: non ha senso dire: "Perché vuoi essere felice?" "Bene, voglio essere felice perché voglio essere felice!"

Ma qui dobbiamo essere precisi. Diversi punti dovrebbero essere notati qui:

In primo luogo, Eudaimonia non è esattamente felicità, se per "felicità" vogliamo intendere un piacevole sentimento soggettivo. Significa, più precisamente, fioritura. Quello che cerchiamo nella vita non è soltanto stare bene a tutti i costi - vorresti essere un felice assassino, o un felice idiota? - ma piuttosto fiorire proprio come un albero fiorisce. I buoni sentimenti sono parte dell'Eudaimonia, ma non sono tutto.

Ciò porta ad un secondo punto: Eudaimonia o felicità non è uno stato momentaneo. Non basta sentirsi bene per due minuti per potersi considerare una persona felice. La felicità è uno stato che si estende per un lungo periodo, o anche per l'intera esistenza.

Terzo, non basta pensare di essere felice per esserlo veramente. Per esempio, una persona che si "sballa" tutto il tempo non è una persona felice pur se s'immagina di esserlo. Vi sono pure criteri oggettivi che determinano se sei o meno in uno stato di felicità: la ricerca di felicità deve essere razionale. Giacché, afferma Aristotele, la razionalità, o ragione, è una parte essenziale della nostra natura umana. Fiorire come essere umano non significa fiorire come uno zombie, o come un cane, ma come un essere umano razionale.

Aristotele menziona diversi elementi aggiuntivi di Eudaimonia, come avere amici, una buona famiglia, fortuna: senza ciò è difficile divenire felici. Ma forse l'elemento più interessante è che Eudaimonia va a braccetto con l'etica. Per fiorire nel senso dell'Eudaimonia, devi essere un uomo virtuoso. Devi essere coraggioso, generoso, onesto, ecc.

A questo punto, Aristotele inizia la sua famosa discussione sulla natura delle virtù. Conclude che la virtù è una tendenza comportamentale che può essere sviluppata come una seconda natura che viene acquisita mediante la pratica. Inoltre, la virtù è solitamente una via di mezzo tra gli estremi: il coraggio è tra la codardia e l'imprudenza, la generosità è tra lo spreco e l'avarizia, ecc. In sintesi, dunque, la felicità per Aristotele consiste nell'attività razionale secondo virtù per tutta la vita.

Alcuni **concetti chiave** su cui riflettere:

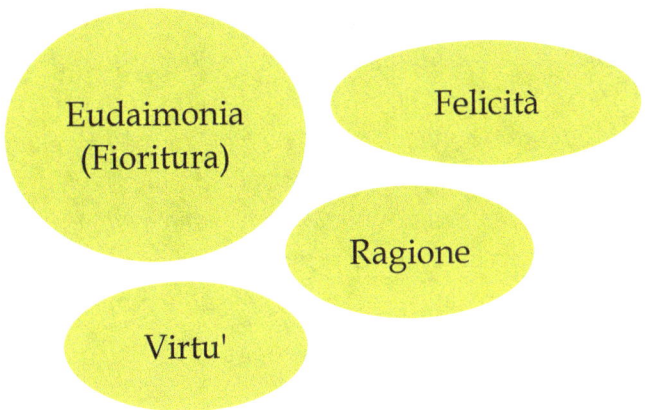

Contemplando

La visione di Aristotele delle virtù e dell'Eudaimonia è complessa, ma per il nostro scopo di contemplazione personale i punti prescelti sono sufficienti. Focalizziamoci sui concetti principali che abbiamo incontrato, fioritura, virtù e razionalità, e contempliamo su come sono tra loro collegati.

1. *Contemplazione testuale*

Rifletti sulla tua esperienza di vita e considera come la tua eudaimonia o felicità si colleghi con le tue virtù etiche. In base alla tua esperienza, è possibile essere non etici e felici allo stesso tempo o, al contrario, etici e infelici? Tieni a mente questo problema leggendo con calma e lentamente i seguenti frammenti dell'Etica Nicomachea di Aristotele, lasciando che le parole parlino dentro di te.

> *La felicità è qualcosa di definitivo e autosufficiente ed è il fine di tutte le azioni.*
> ...
>
> *Ora, nel caso della maggior parte della gente, le varie cose in cui trovano piacere si scontrano tra loro, in quanto queste cose non sono piacevoli per natura. Ma gli amanti di ciò che è nobile trovano piacere in cose che sono piacevoli per natura. E le azioni che sono in accordo con la virtù sono così. Per cui per questi individui, le azioni virtuose sia piacevoli per loro e sia piacevoli in sé. Pertanto, la loro vita non ha bisogno del piacere come un'attrazione ulteriore verso la virtù, giacché la virtù ha già il piacere in sé...*
>
> *Se è così, dunque le azioni virtuose devono essere di per sè piacevoli. E sono sicuramente buone e nobili, e sono buone e nobili al massimo grado, in quanto la persona buona esprime giudizi buoni su quelle cose. Dunque, la felicità è la cosa più eccellente, più nobile e più piacevole della vita.*

2. *Contemplazione visiva*

Ricordando le nozioni di Aristotele di Eudaimonia e di virtù, osserva il disegno di questo capitolo, assimilalo, e lascia che ti "parli". Cosa ti suggerisce il disegno riguardo questi due concetti?

3. Contemplazione tematica

La nozione di "Edaimonia" di Aristotele coniuga diversi elementi: un senso soggettivo di ben-essere, continuità per un periodo di tempo, fioritura, razionalità, virtù morale. Ci si potrebbe domandare: in che maniera questi elementi sono collegati tra loro nella nozione di Eudaimonia, e qual è il "collante" che li lega insieme? Come dovremmo immaginare l'essenza comune di Eudaimonia?

Semi di contemplazione

Per contemplare su questo interrogativo, le seguenti idee possono servire come punti di partenza:

a) L'immagine di un **albero in fioritura**: Sono un albero, impegnato a sviluppare le mie radici, i miei rami, le mie foglie, i miei frutti. La crescita non avviene da sola: devo nutrirmi con cura e pazienza al fine di realizzare la mia piena natura di albero. La coltivazione delle mie naturali capacità come albero, come la coltivazione della nostra razionalità umana e virtù, mi dà un senso di felicità e ben-essere.

b) L'immagine del **danzatore**: La virtù, per Aristotele, è un'eccellenza del tuo carattere, e come tale non si tratta soltanto di come senti o pensi, ma soprattutto di come agisci nel mondo. Possiamo comparare questo alla danza: sei un danzatore eccellente quando puoi esprimere la tua eccellenza sul palcoscenico. Devi imparare a muoverti con grazia, ad acquisire la concentrazione e l'equilibrio, ad agire con precisione. E quando hai padroneggiato la danza della vita, lo fai con gioia. Questa è la felicità della danza.

c) Il concetto del **celebrare la mia umanità**: fiorisco con Eudamonia quando realizzo le mie più alte potenzialità umane. Queste non sono i bassi piaceri del bere o dell'eccitazione di una festa sfrenata, ma la sublime gioia di celebrare le più alte dimensioni della mia umanità: la mia eccellenza, la mia razionalità, le mie virtù.

PARTE C

I FILOSOFI ELLENISTICI

Dopo la morte di Aristotele ed Alessandro Magno, nel quarto secolo a.c., la Grecia diventò parte di più ampi imperi, ed infine, nel primo secolo d.C., parte di Roma. La gente comune non viveva più nelle proprie città-stato ed aveva poca influenza politica sulla società e sulla città. In realtà, le filosofie dopo Aristotele spesso consideravano il mondo come estraneo, e consigliavano di ritirarsi nel proprio mondo interiore o ridimensionare al minimo il coinvolgimento nella società. L'insieme di questi approcci è chiamato filosofia ellenistica, e durò fino all'ascesa del Cristianesimo, ed alla caduta di Roma al termine del 4° secolo d.C.

Sebbene la Grecia perse la sua indipendenza e fosse assorbita adesso in imperi più vasti, la cultura greca esercitò un'influenza considerevole su molte società intorno al Mediterraneo e fino all'Asia centrale. Parecchie importanti scuole di filosofia fiorirono in quel periodo, ognuna della durata di generazioni o secoli, in particolare l'Epicureismo, lo Stoicismo, il Neoplatonismo, lo Scetticismo, la Scuola Peripatetica, la Scuola Cirenaica, ed il Cinismo. Nei capitoli che seguono ci soffermeremo sulle prime quattro.

Capitolo 11

Epicuro – Veri e falsi bisogni

Introduzione

Epicuro (341-270 a.C.) fu un filosofo greco che fondò il cosiddetto Epicureismo, un'importante scuola di pensiero nel periodo ellenistico. Quando aveva trent'anni comprò una casa con un giardino fuori Atene, dove lui ed i suoi seguaci trascorrevano insieme momenti di pace e di conversazione. Questo era il leggendario "Giardino di Epicuro".

Epicuro immaginò il mondo come composto di fatti materiali, in un certo senso come la scienza moderna. Egli credeva che la natura fosse composta da atomi, che non ci fosse anima, e la morte fosse la fine della nostra esistenza. Egli è famoso per il suo insegnamento che lo scopo dell'esistenza è quello che chiama "piacere", con cui intendeva uno stato di quiete mentale libero da qualunque tipo di sofferenza, compresa l'ansia, l'inquietudine e la frustrazione. In questo tipo di esistenza evitiamo i desideri eccessivi e soddisfiamo i nostri bisogni primari, come il cibo ed i vestiti, l'amicizia, la conversazione ed il filosofare insieme. La filosofia di Epicuro influenzò molti pensatori nel corso dei secoli.

Riflettendo: Che cos'è un bisogno vero?

"Ho bisogno di una nuova macchina!", dice un marito a sua moglie.

"Vuoi dire che *desideri* una macchina nuova. Non ne hai veramente bisogno. La nostra vecchia macchina è ottima per noi".

"Ma puoi immaginare la meraviglia dei nostri vicini quando ci vedranno in una macchina rossa sportiva nuova?"

"Questo non è un bisogno, è una fantasia!"

Questo breve dialogo dimostra che quello di cui pensi di aver bisogno non è veramente ciò di cui hai bisogno. Considera le tante cose che persegui o brami nella vita quotidiana: nuovi abiti eleganti, nuovi gioielli, ristoranti e feste, viaggi, soldi e potere. Hai veramente "bisogno" di tutte queste cose?

Più in generale, cosa conta come bisogno vero, in contrapposizione ad un bisogno falso ed immaginario? Questa è la questione sollevata da Epicuro, e che riteneva cruciale per una vita felice. Il problema nel rispondere a questo interrogativo, credeva Epicuro, è che la maggior parte della gente non comprende di cosa ha veramente bisogno. Il compito della filosofia è di aiutarla a trovare la risposta.

La risposta di Epicuro: I veri bisogni promuovono il piacere

La risposta di Epicuro è: un desiderio esprime un vero bisogno se può aiutarti ad raggiungere ciò che ha valore nella vita. I falsi bisogni sono desideri che non ti aiutano ad ottenerlo, e possono perfino interferire con esso.

Allora, cosa ha valore nella vita?

Secondo Epicuro la qualità più preziosa nella vita è il piacere. Una bella vita è una vita di piacere. Comunque, per "piacere" non intende feste sfrenate con vino e passione (come lo accusavano i suoi oppositori), ma definisce il piacere come assenza di dolore. Dunque, una vita buona è una vita tranquilla, libera da angoscia, sofferenza ed eccessiva eccitazione. È guidata dalla ragione e dalla moderazione ed evita tutto ciò che provoca agitazione ed angoscia, come la corsa al successo ed al denaro, il desiderio smodato di vestiti eccentrici e cibi particolari, lussuria e dissolutezza.

Quali sono i bisogni che promuovono una vita di questo tipo? Il minimo per farti stare comodo e al sicuro. Tutto quello che va oltre il comfort e la sicurezza minimi è eccessivo. Tu hai veramente necessità di un posto dove vivere, qualche vestito da indossare abbastanza cibo per non provare la fame, ma non molto di più. Cibo semplice, vestiti e alloggio, sono sufficienti: qualsiasi stravaganza sarebbe superflua e quindi distruttiva per il tuo ben-essere. Inoltre, hai bisogno di mantenere un'attività piacevole per tutto il giorno, che per Epicuro vuol dire principalmente avere amici per tenerti compagnia e fare conversazioni filosofiche.

La maggior parte degli individui comunque, vuole di più. Vogliono essere ricchi o di successo, indossare vestiti costosi, possedere molte cose, divertirsi ed eccitarsi. Sono guidati da falsi bisogni che non contribuiscono ad avere una vita tranquilla e piacevole che è così preziosa. La filosofia può mostrar loro il loro errore.

*Alcuni **concetti chiave** su cui riflettere:*

Contemplando

Le idee di Epicuro sfidano la cultura del consumismo e della corsa al successo le quali sono promosse dalla società contemporanea, e che la maggior parte di noi condivide in un modo o nell'altro. Riflettiamo sull'alternativa che suggerisce: immagina che ti sia stata data l'opportunità di vivere con i tuoi amici in una tranquilla casa di ritiro, come il Giardino di Epicuro, senza il bisogno di lavorare per vivere, a condizione che tu conduca una vita epicurea semplice e tranquilla. Come sarebbe per te vivere per un periodo di tempo in maniera così semplice e piacevole? E quali capacità o sensibilità dovresti coltivare in te per poter prosperare in questo tipo di stile di vita?

1. Contemplazione testuale

Leggi lentamente ed attentamente il testo seguente che descrive lo stile di vita epicureo. Cerca di inserirti in questo tipo di vita e di cogliere l'atteggiamento interiore che ti richiede di avere. Il testo è tratto dalla "Lettera a Meneceo":[10]

> *Il fine di tutte le nostre azioni è di essere liberi dal dolore e dalla paura, ed una volta raggiunto tutto questo, la tempesta dell'anima si placa, giacché la creatura vivente non ha bisogno di andare alla ricerca di qualcosa che manca, né di cercare qualcos'altro per realizzare il bene dell'anima e del corpo. Questo è il motivo per cui chiamiamo piacere l'inizio e la fine della vita buona.*
>
> *...*
>
> *Tutto quello che è naturale è facilmente conquistabile, mentre i piaceri vani ed inutili sono difficili da ottenere. Il cibo semplice ci procura tanto piacere quanto una dieta lussuriosa, una volta che il dolore del bisogno sia stata rimossa, mentre il pane e l'acqua danno il massimo piacere quando sono offerti alle labbra affamate. Pertanto, abituarsi ad un'alimentazione semplice ed economica è tutto quello che serve per la salute, e permette ad una persona di soddisfare i necessari requisiti dell'esistenza.*

2. Contemplazione visiva

Tenendo presente le nozioni di falsi bisogni, veri bisogni e piacere epicureo, lentamente esamina questo disegno e cerca di discernere cosa ti suggerisce.

3. Contemplazione tematica

Che accettiate o meno il fine del "piacere" di Epicuro, puoi domandarti se i tuoi desideri esprimano bisogni veri o falsi. Se apprezzi il divertimento, o la saggezza, o l'amore o altro, o una combinazione di diverse cose, puoi chiederti se i tuoi desideri ti aiutino a perseguire questi valori.

Considera il tempo che consumi sul tuo smartphone, o spettegolando o facendo straordinari per avere più soldi: sono tutti necessari? Pensa all'energia che spendi cercando di fare una buona impressione sugli altri, o su progetti non essenziali. Pensa al danaro che spendi per comprare gadgets non necessari, sostituire vecchi oggetti con nuovi, oppure andare al ristorante. Probabilmente troverai che molte di queste cose non conducono a ciò che ritieni più prezioso. Evidentemente, spendiamo gran parte del nostro tempo e risorse in falsi bisogni.

Da qui il nostro interrogativo per la contemplazione: cosa la nostra preoccupazione sui falsi bisogni, in altre parole, sui desideri non-essenziali, ci dice sulla nostra natura umana? Per metterla concretamente, immagina che un gruppo di alieni sia venuto dallo spazio sulla terra per osservare l'umanità ed abbia notato la nostra preoccupazione per desideri che sembrano stravaganti e non necessari. Cosa dovrebbero concludere loro sulla natura umana?

Semi di contemplazione

Per contemplare su questa domanda, i seguenti semi di idee possono aiutarti a sviluppare i tuoi pensieri:

a) La metafora del **prigioniero psicologico**: siamo controllati dai nostri schemi psicologici di pensiero e comportamento, che distolgono la nostra attenzione dai nostri veri bisogni. I nostri meccanismi psicologici ci fanno desiderare sempre di più, mentre ci distraggono dalle cose importanti. Per cui siamo prigionieri dei poteri automatici che controllano la nostra mente e spesso perdiamo il contatto con i nostri veri bisogni.

b) La metafora della **pianta dell'Agave**: noi umani siamo come la pianta dell'Agave che fiorisce ogni diversi anni. Non possiamo donare fiori meravigliosi continuamente, non possiamo seguire sempre i nostri veri bisogni. La vita è complessa e richiede molte cose: tra le quali il riposo, le commissioni insignificanti, piaceri sciocchi, incontri sociali. Eppure, fin tanto che riusciamo ad agire in base ai nostri veri bisogni una volta ogni tanto, magari una volta al giorno o anche una volta alla settimana, allora la nostra vita è appagata, proprio come un raro fiore di Agave dona appagamento alla vita intera della pianta.

c) Il concetto di **preziosità del divertimento e dell'eccitazione**: il fatto che le persone cerchino il divertimento e l'eccitazione dimostra, contrariamente alle visioni di Epicuro, che queste sono qualità importanti nella vita umana. Mangiare buon cibo esotico, fare feste sfrenate, guardare programmi televisivi divertenti, comprare nuovi vestiti eleganti e gioielli costosi – queste cose, evidentemente, arricchiscono la qualità della vita. E, se è così, allora non c'è bisogno di negarmeli e di reprimere i miei desideri con particolari esercizi epicurei. I miei desideri sono sani e dignitosi così come sono.

Capitolo 12

GLI STOICI – IL MIO VERO IO

Introduzione

Lo stoicismo fu una delle principali scuole filosofiche ellenistiche che fiorì dal 3° secolo a.C. fino all'ascesa del cristianesimo al potere nel IV secolo d.C. Comprendeva parecchi pensatori influenti, tra cui Seneca (4 a.C.-65 d.C.), Epitteto (50-135 d.C.), Marco Aurelio (121-180 d.C.).

La filosofia stoica toccava molti campi della conoscenza, ma l'influenza maggiore e la notorietà provenivano dalla sua visione di come la vita dovrebbe essere vissuta. Per gli stoici, ogni cosa che accade nel mondo è determinata dal Logos universale, o ragione. Il solo posto dove risiede la libertà è nell'anima umana. Solitamente, tuttavia, non esercitiamo la nostra libertà perché ci lasciamo controllare da forze psicologiche come i desideri, le passioni, e gli attaccamenti. Di conseguenza, noi spesso ci troviamo frustrati, arrabbiati ed inquieti.

Il fine dello stoico era di ottenere la libertà interiore da queste forze psicologiche e mantenere la pace interiore e l'equanimità verso qualunque cosa ci accadesse. Per perseguire questo scopo, gli stoici credevano che dovessimo coltivare il nostro centro interiore, che è la facoltà razionale dentro di noi. Quando agiamo partendo da questa facoltà interiore, siamo razionali, liberi, ed in armonia col Logos che governa il cosmo.

Riflettendo: qual è il mio vero io?

Nella vita quotidiana si parla di "me", o "io" in diversi sensi. Nel senso più ampio, "io" include il mio corpo (per esempio, quando dico: "sono seduto a tavola" o "sono alto), il mio lavoro ("sono un docente"), e perfino i miei beni ("sono un proprietario terriero"). Ma dalla prospettiva stoica, questo è una maniera imprecisa di parlare, giacché ciò che caratterizza la mia persona è la mia unica natura quale essere umano, che è il mio essere interiore, e non il mio corpo o attività fisica che hanno pure gli animali.

In un senso più ristretto, io sono il mio sé psicologico: i miei sentimenti e i miei pensieri, le mie intenzioni, le mie ansie, le mie speranze. Ma dalla prospettiva stoica, anche questo senso è troppo ampio, giacché comprende elementi che non sono propriamente opera mia - derivano da tendenze o reazioni automatiche ("avevo paura" oppure "provavo gelosia"), ed alcune di esse sono fuori dal mio controllo ("mi fa male il piede").

Per gli stoici, ciò che non è pienamente sotto il mio controllo non è veramente mio. Non mi rappresenta come attore libero e razionale, che è il mio unico profilo come essere umano. Ciò che è incontrollabile mi accade, ma non sono veramente io. Il vero sé deve essere una fonte di pensiero ed azione liberi. Ma cos'è questo vero sé?

La risposta stoica: il principio guida

Per gli stoici il mondo è un cosmo, un tutto armonioso in cui ogni particolare è precisamente come dovrebbe essere, ed ogni cosa si comporta secondo la propria natura: l'albero cresce secondo la sua natura arborea, ed il fiume scorre secondo la sua natura di acqua; se tu, come lettore moderno, non vedi l'armonia nel mondo, se pensi che il mondo è cruento e irrazionale, è perché lo vedi dalla tua prospettiva, ristretta e egocentrica. Sei come una piccola formica che si lamenta del suo duro lavoro. Ma dalla più amplia prospettiva di un biologo, la vita di un formicaio, compresi le sfide ed i disastri, è un pezzo meraviglioso di naturale armonia. La stessa cosa vale per un essere umano. La tua vita personale può sembrare toccata da malattie e disgrazie, ma pure questo è parte della complessiva armonia cosmica.

Così, nel cosmo stoico tutto accade esattamente come dovrebbe, secondo il Logos cosmico che lo governa. Il vostro ambiente, il vostro corpo, la vostra psicologia: tutto avviene per necessità, senza spazio per il caso o la libertà.

Tuttavia, all'interno di questo oceano cosmico di necessità, c'è una piccola bolla di libertà in ogni anima umana. Il tuo vero sé è questa bolla di libertà, e sei libero di coltivarla o abusarne. Gli stoici la chiamavano "demone" oppure "principio guida", o ancora "facoltà di comando" per indicare che ha potere di guidare le tue azioni e la tua esistenza.

Questo vero sé dentro di noi può fare scelte libere, sebbene i risultati di queste scelte non sono sempre prevedibili a motivo di circostanze esterne fuori dal nostro controllo, come incidenti, malattie e i comportamenti degli altri. Tuttavia, pur se non siamo liberi di determinare le condizioni al di fuori di noi, siamo liberi di controllare le nostre reazioni interiori a tali condizioni. Per esempio, possiamo non essere capaci di evitare un incidente d'auto, ma siamo liberi di decidere come reagire ad esso quando succede: con ira o con frustrazione o, in alternativa, con calma e pace interiore. Questo è, infatti, lo scopo dello stile di vita stoico: risvegliare il vero sé dentro di noi e quindi agire razionalmente, in modo libero a calmo.

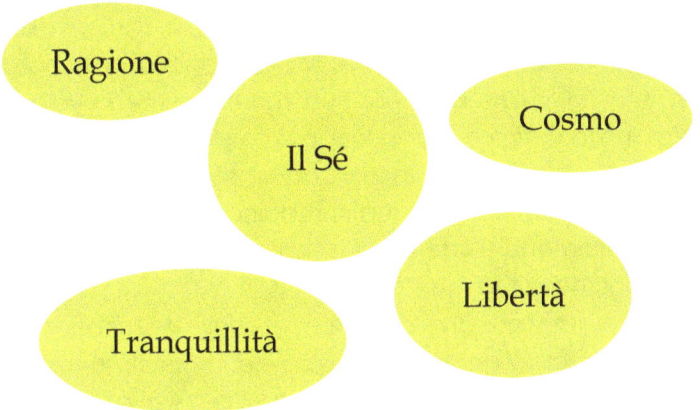

Alcuni **concetti chiave** su cui riflettere:

Ragione
Il Sé
Cosmo
Libertà
Tranquillità

Contemplando

Gli stoici capivano che il nostro vero sé, o principio guida, è spesso sopraffatto da distorsioni psicologiche, come le nostre aspettative irrazionali e i nostri desideri, le emozioni fuorvianti o l'attaccamento alla sicurezza e al comfort. Quindi, dobbiamo esercitare costantemente il nostro sé e fortificarlo, se vogliamo liberarlo da tali distorsioni psicologiche. Gli Stoici hanno ideato una varietà di esercizi specifici, incluso ricordare regolarmente a sé stessi come ci si deve comportare, come immaginare il proprio posto nel vasto cosmo, come prepararsi a possibili disastri, e altri esercizi simili.

Comunque è chiaro che, pur con questi esercizi, in momenti diversi della nostra vita noi siamo più o meno centrati, più o meno liberi dai desideri e dalle paure, più o meno in possesso della nostra libertà interiore. Poniamoci le domande seguenti per la contemplazione: Com'è essere connessi al proprio centro interiore (o principio guida)? Cos'è esattamente questo stato di connessione? E come posso coltivarlo?

1. *Contemplazione testuale*

Leggi il seguente testo con cura, lasciando che le parole e le immagini fluttuino nella tua mente come nuvole nel cielo, senza cercare di imporre loro giudizi o analisi. Questo esercizio è chiamato "libera contemplazione fluttuante". Cerca di percepire nella tua immaginazione come si sente il tuo "demone" interiore e nota se nuove intuizioni appaiono nella tua mente.

Utilizzeremo qui diversi frammenti dalle *Meditazioni*, un testo importante del filosofo stoico ed imperatore romano Marco Aurelio: in cui egli registrò I suoi pensieri personali e I suoi esercizi.[11]

Dal libro 2, sezione 17:

> *Tutto ciò che appartiene al corpo è un ruscello, e tutto ciò che appartiene all'anima è un sogno e un vapore, la vita è una guerra e un soggiorno di un estraneo, e dopo la fama viene l'oblio. Che cos'è in grado, quindi, di condurre una persona? Una e solo una cosa: la filosofia.*
>
> *Ma questo consiste nel mantenere il demone in te libero dalla violenza ed illeso, superiore alle sofferenze ed ai piaceri, nel non fare niente senza scopo, né falsamente*

> e con ipocrisia... e, infine, nell'aspettare la morte con mente allegra, come se fosse niente altro che una dissoluzione degli elementi di cui ogni essere vivente è composto.

Dal libro 12, sezione 3:

> Vi sono tre cose di cui sei composto: un piccolo corpo, un piccolo respiro (vita) e l'intelligenza. Di queste, le prime due sono tue solamente nel senso che è tuo dovere prenderti cura di loro, ma solo la terza è propriamente tua.
> Pertanto, dovresti separare da te stesso, ovvero dalla tua comprensione, tutto quello che gli altri fanno e dicono, e tutto ciò che tu stesso hai fatto o detto nel passato, e tutto quello che ti affliggerà in futuro in quanto può accadere, e tutto ciò che è nel corpo che ti avvolge o nel respiro (vita) associato al corpo... e qualunque cosa succeda nel vortice degli eventi intorno a te, affinché la tua potenza intellettuale che è esente dal fato possa vivere pura e libera da sola, facendo quello che è giusto, e accettando ciò che accade e dicendo la verità...
> Quindi sarai in grado di passare quella parte della vita che ti resta fino alla morte, libero da turbamenti, con nobiltà e ubbidiente al tuo stesso demone.

2. Contemplazione visiva

Pensa al tuo principio guida o demone, dentro di te che è libero da forze psicologiche e può fare scelte libere con tranquillità e ragione. Ispeziona in silenzio il disegno di questo capitolo e rifletti su quello che ti dice di te stesso e della tua libertà.

3. Contemplazione tematica

Se gli stoici avevano ragione sul fatto che abbiamo un vero sé che ci può guidare a vivere liberamente, pacificamente e razionalmente, allora come possiamo coltivarlo?

Semi di contemplazione

Per contemplare su questo interrogativo, possiamo iniziare con uno dei seguenti semi di contemplazione, come punto di partenza per sviluppare le nostre intuizioni personali:

a) Il concetto di **debolezza della volontà**: la ragione per cui io perdo spesso il contatto con il mio vero sé è che sono debole. Potrei essere troppo stanco o pigro, o potrei non avere la determinazione sufficiente per tornare al mio io interiore e ubbidirgli. Al fine di superare questa situazione, dovrei esercitare tutti i giorni la mia forza di volontà, così come alleno il mio fisico: dovrei scegliere compiti difficili e sforzarmi di eseguirli. A poco a poco li renderò sempre più impegnativi per irrobustire la mia forza di volontà.

b) La metafora dell'*imparare ad ascoltare interiormente*: il mio vero sé cerca sempre di guidarmi a vivere appropriatamente, ma raramente lo percepisco. La mia mente è piena di distrazioni, e la mia cacofonia interiore affoga la voce del mio vero sé. Pertanto, dovrei allenare me stesso a sedermi in pace ed in silenzio per ascoltare interiormente la voce del mio vero sé.

c) L'immagine del **giardiniere e del giovane albero**: Il mio vero sé è fragile. Come un giovane albero, è vulnerabile verso le forze esterne: ai venti ed al sole ed alle piogge. Per cui, dovrei coltivarlo come un buon giardiniere, proteggendolo e nutrendolo con cura. Questo vuol dire che non dovrei esporre il mio vero sé a condizioni difficili finché non cresce e matura e diventa più forte. Fino ad allora, io dovrei lasciargli fare solo compiti semplici, e supportarlo ed incoraggiarlo.

Capitolo 13

IL NEOPLATONISMO – IL DIVINO DENTRO

Introduzione

Il neoplatonismo era una delle principali scuole di filosofia che fiorirono nella tarda antichità. I neoplatonici si consideravano seguaci di Platone (che morì secoli prima), ma in verità andarono molto oltre la sua filosofia ed introdussero nuove idee. La loro influenza sulla successiva filosofia, specialmente nel periodo medioevale e nel rinascimentale, fu profonda. Il neoplatonico più noto fu il grande filosofo Plotino (204-270 d.C.). Altri importanti neoplatonici furono l'allievo di Plotino, Porfirio (224-305 d.C.), l'allievo di Porfirio, Giamblico (245-325 d.C.) e Proclo (412-485 d.C.).

Malgrado le differenze tra i diversi filosofi neoplatonici, per il nostro scopo due idee centrali, comuni alla maggior parte di loro, sono particolarmente degne di nota: in primis, l'idea che la realtà sia organizzata su parecchi livelli differenti, uno sotto l'altro, dal livello più reale e spirituale in cima, giù fino al più basso, il mondo materiale al fondo.

La seconda idea da evidenziare qui è che il nostro scopo nella vita, come esseri umani, è di trascendere il mondo materiale verso i livelli più alti della realtà e congiungerci con il più alto livello possibile.

> Differenti neoplatonici immaginavano in maniera diversa la via per trascendere il mondo materiale.
> Plotino enfatizzava la meditazione, la riflessione filosofica, ed il distacco dal mondo materiale. Porfirio esaltava una vita di virtù e purezza, almeno all'inizio del percorso. Altri aggiungevano la preghiera agli dei, che erano visti come energie d'intermediazione tra il mondo materiale ed il livello spirituale più alto. Malgrado tali differenze, tutte le filosofie neoplatoniche hanno un orientamento "verticale", nel senso che si focalizzavano sul rapporto tra livelli superiori e livelli inferiori della realtà.

Riflettendo: qual è l'elemento divino in me?

Nel suo saggio "Sulla vita di Plotino", Porfirio scrisse del suo grande maestro Plotino: "Lo scopo della sua esistenza era, soprattutto, di unirsi al divino. E quattro volte durante il periodo che ero con lui, raggiunse questa unione".[12]

In questo stesso scritto, Porfirio ci racconta anche le ultime parole di Plotino prima della sua morte: "Mi sforzo di restituire il Divino in me al Divino in Tutto".[13] Oppure, in un'altra traduzione: "Sforzatevi di ricondurre il Dio in voi stessi al Dio nel Tutto".

Questo, dunque, è il fine ultimo della filosofia neoplatonica. Noi filosofiamo non per curiosità intellettuale, ma per un profondo desiderio di entrare in contatto con l'elemento divino dentro di noi ed elevarlo alla sua fonte divina.

Ma cosa vuol dire trovare "il dio in me" o "l'elemento divino in me?".

Per chiarire la questione, ricordiamo che per Plotino, la realtà è organizzata in più livelli, il più perfetto e divino in alto, ed il più grezzo al fondo. Al vertice vi è "L'Uno", l'unità perfetta che è al di là di tutti i concetti e del pensiero, che non contiene divisione o cambiamento. Al fondo c'è il mondo materiale che percepiamo intorno a noi, il mondo dei corpi, delle forme e dei colori, del movimento, della crescita e del decadimento. Tra il più alto ed il più basso, ci sono due livelli intermedi: il Nous o l'Intelletto e l'Anima, pur se i neoplatonici successivi aggiunsero più livelli. Ciascun livello di realtà emerge da, o "emana" dalla realtà al di sopra di esso, così che l'Uno è la fonte di tutto.

Riassumendo, per Plotino la serie delle emanazioni è:

(1) L'Uno,

(2) Il "Nous" (l'"intelletto" al fondamento dell'esistenza che è anche il regno della comprensione intuitiva),

(3) L'Anima (l'anima del cosmo, che contiene anche le anime umane individuali),

(4) Il mondo materiale, che è grezzo e basico.

Normalmente noi viviamo al livello più basso: il mondo materiale. Ci identifichiamo con il nostro corpo e ci immergiamo nel nostro ambiente fisico. Il nostro vero fine è di congiungere il livello divino in noi con I livelli superiori della realtà, ed infine con l'Uno.

Ed ora possiamo tornare alla nostra domanda: se io, come essere umano incarnato, vivo nel mondo materiale, dunque che cos'è l'elemento divino in me?

La risposta neoplatonica: la fonte da cui io emano

Secondo i Neoplatonici, l'Uno divino non è una "cosa" fuori di me, né un religioso "padre in cielo". Non è qualcuno che mi ama o mi protegge o ascolta le mie preghiere: non è affatto un "qualcuno". È, piuttosto, l'unità primordiale che è la fonte di tutta la realtà (simile a "il Bene, il Vero, il Bello" di Platone). Da tale elemento più alto, la realtà "emana" verso il basso, a livelli sempre più bassi attraverso una serie di emanazioni.

"Emanazione" non vuol dire che un livello di realtà "crea" un altro livello, come il Dio biblico creò il mondo. Non è un atto che succede in un tempo particolare, oppure richiede un'intenzione o uno sforzo speciale. Emanazione significa, piuttosto, che un livello di realtà esprime se stesso in una realtà minore, un po' come un oggetto proietta un'ombra, che è meno reale dell'originale.

Questo vuol dire che l'Uno divino è la mia origine ultima. In verità, c'è un qualcosa di divino dentro di me, ma è distante dalla sua fonte, imprigionato in un'"ombra" inferiore, bassa per così dire. Il nostro anelito umano verso il divino è l'anelito di trovare l'elemento divino in noi stessi e di riportarlo alla sua sorgente.

*Alcuni **concetti chiave** su cui riflettere:*

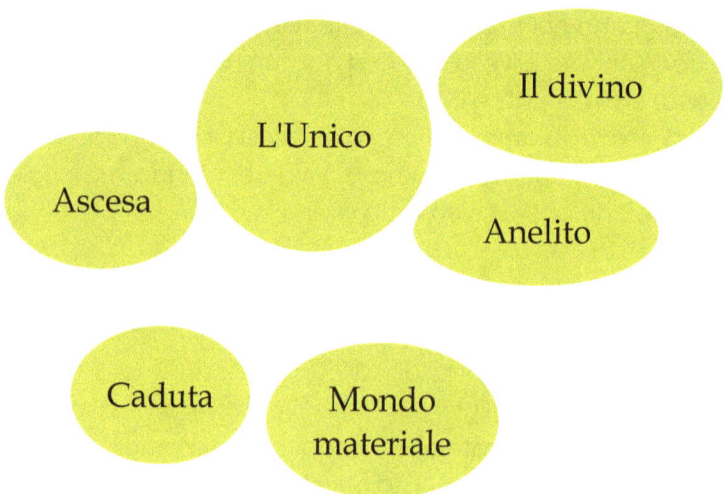

Contemplando

Contempliamo sull' l'idea neoplatonica che vi è un elemento divino superiore dentro di me. Come si può esperire questo elemento, e come trovarlo? Possiamo contemplare su questo elemento in una maniera personale, traducendo e perfino modificando le idee neoplatoniche nella nostra personale esperienza ed auto-comprensione.

1. *Contemplazione testuale*

Nel seguente passo di Plotino lo troviamo che descrive la sua personale esperienza di ascesa e di caduta:[14]

> *Spesso vengo sollevato fuori dal mio corpo dentro me stesso, divento esterno a tutte le altre cose e centrato in me stesso, e contemplo una meravigliosa bellezza. Quindi, più che mai, sono certo di appartenere all'ordine più elevato. Realizzo la vita più nobile, divento tutt'uno col divino, mi colloco al suo interno. Avendo raggiunto questa attività, sono posto sopra qualsiasi cosa nel mondo intellettuale che è inferiore solo al Supremo.*
>
> *Tuttavia, viene il momento della discesa dalla comprensione intuitiva "intellettuale" al ragionamento Per cui dopo essere stato dal divino, domando a me stesso: come è potuto succedere che io stia scendendo adesso, e come ha fatto l'anima a entrare nel mio corpo, l'anima che, pure quando è nel corpo è una cosa così alta, proprio come ha dimostrato di essere?*

In una sezione successiva dello stesso trattato, Plotino risponde al suo stesso interrogativo: la mia anima cade nuovamente nel mondo materiale perché è anche responsabile della gestione del mio corpo. E quando discende dal regno "intellettuale" della comprensione spirituale olistica fino al regno materiale, dimentica la sua vera sorgente:

> *Le anime individuali hanno il potere di amministrare il regno inferiore del loro corpo materiale. Sono come la luce del sole che è attaccata sopra il sole, ma si prende pure cura di cosa giace sotto.*
>
> *Finché le anime sono nel regno intellettuale, restano integre e libere da preoccupazioni e problemi. Ma arriva uno stadio in cui le anime discendono dall'universale al mondo materiale, e allora divengono parziali ed egocentriche. Quando questo stadio continua per un po', l'anima diventa una disertrice dal Tutto. È adesso una cosa parziale, isolata, indebolita, piena di preoccupazioni, preoccupata del frammento, scollegata dal tutto. Dimora in un corpo, si prende cura solo di lui...*
>
> *Eppure, anche nel suo stato decaduto l'anima ha sempre qualcosa di trascendente in sé. Convertendosi all'atto intellettivo, si libera dalle catene, e vola in alto quando fa dei suoi ricordi il punto di partenza di una nuova visione dell'essere essenziale.*

2. *Contemplazione visiva*

Ispeziona delicatamente il disegno che appare in questo capitolo e cerca di discernere cosa ti dice sull'elemento superiore dentro di te.

3. Contemplazione tematica

Pur se la complessa visione del mondo neoplatonico ti appare estranea, puoi tuttavia essere d'accordo sul fatto che qualche elemento dentro te sia più elevato, più vero o divino di tutto il resto.

Qualche volta è più facile vedere l'elemento sacro in un'altra persona, e per analogia, puoi concludere che anche tu hai un tale elemento.

Se è così, come posso scoprire questo elemento divino o connettermi con esso?

Semi di contemplazione

Per contemplare su questo interrogativo, puoi utilizzare uno dei seguenti semi di contemplazione come punto di partenza:

a) L'immagine della **purificazione della mia lente**: solo una mente pura può ricevere luce da sorgenti sublimi. Una lente sporca blocca la luce, e la mia mente è troppo "sporca" di banalità, avidità, gelosia, rabbia e simili. Dunque debbo purificare la mia mente da ogni macchia e vizio prima di cercare di discernere il divino e connettermi ad esso. Questa è una lunga e difficile strada.

b) Il concetto di **ricordo filosofico**: la conoscenza della mia fonte divina è dentro di me, ma l'ho dimenticata. La mia mente è troppo occupata dalle cose questioni pratiche, come le conversazioni e le attività quotidiane, e ha dimenticato da dove viene. Ho bisogno di fermarmi e ricordare a me stesso le dimensioni più alte della vita. Questo può essere fatto come spiega Plotino, filosofando sulle grandi questioni dell'esistenza. Filosofare, quindi, è un promemoria di chi siamo e a cosa apparteniamo.

c) L'immagine dell'**apprendimento del linguaggio divino**: Il divino parla in me, ma la mia mente non può comprenderlo. Questo perché la mia mente non conosce il suo linguaggio: può capire solo il linguaggio delle cose di tutti i giorni. Al fine di comprendere la voce divina, devo dedicarmi ad ascoltare le voci che sorgono nella mia mente. All'inizio non le capirò, ma a poco a poco imparerò il loro linguaggio.

Capitolo 14

GLI SCETTICI – POSSO ESSERE SICURO?

Introduzione

La scuola filosofica scettica fu fondata dal filosofo greco Pirro nel 4°-3° secolo a.C. e fiorì per parecchi secoli insieme allo stoicismo, l'epicureismo ed il neo-platonismo. Il fine principale dei filosofi scettici era raggiungere l'atarassia, che è uno stato di tranquillità e assenza di turbamento. Questa non è soltanto un'esperienza momentanea ma uno stato generale della mente, che deve essere coltivato attraverso esercizi ripetuti. Per gli scettici, le nostre credenze o I nostri i giudizi sono la ragione principale del perché noi siamo ansiosi e disturbati e per questa ragione cercavano di sospenderli e raggiungere la pace della mente. Per questo motivo, essi praticavano lo scetticismo nei confronti di tutte le credenze.

In questo capitolo ci focalizzeremo su un filosofo scettico, Sesto Empirico, vissuto verso la fine del periodo ellenistico tra il secondo ed il terzo secolo d.C. Egli fu anche un fisico appartenente alla scuola di medicina chiamata "Empirismo", ed è per questo motivo che è chiamato "Empirico". I suoi scritti sono la nostra principale fonte di conoscenza sull'antica scuola dello scetticismo, sulla sua biografia non si sa quasi niente, neanche dove e quando visse esattamente.

Riflettendo: Posso fidarmi di ciò che penso di sapere?

Considera le molte cose che credi di sapere. Presumibilmente conosci il tuo nome ed il nome della tua città, sai quale giorno della settimana è oggi, sai che il sole sta sorgendo, sai che il tuo cane è bianco, e così via. Tuttavia, il filosofo scettico ti chiederebbe, quanto sei sicuro di queste cose? Non è possibile che ti sbagli su di esse? È concepibile, che la tua memoria ti tradisca (in realtà oggi è martedì non mercoledì), o che tu sia confuso (stai confondendo il sole con un lampione), che tu sia sotto una strana illusione (il tuo affetto per il tuo cane influisce sulla tua percezione di esso). Potresti anche soffrire di qualche disturbo psicologico o essere manipolato da un'organizzazione criminale segreta (il tuo vero nome è stato cancellato dal tuo cervello e al suo posto è stato impiantato un nome falso).

Potresti pensare che questo è altamente improbabile. "Le probabilità che io mi sbagli sono molto scarse".

Potrebbe essere vero, lo scettico potrebbe rispondere (pur se come puoi essere certo che le possibilità siano scarse?), ma il punto è che tu non puoi essere assolutamente sicuro delle tue convinzioni. È concepibile, forse non molto probabile, ma comunque concepibile, che si sbaglino.

Se non sei assolutamente certo, secondo lo scettico, allora non lo sai davvero. Sai per certo cosa pensi, ma non puoi mai sapere con certezza se questi pensieri sono veri.

Adesso se condividiamo la conclusione scettica, cosa ne consegue? Parlando praticamente, dovremmo smettere di credere nelle nostre convinzioni ordinarie riguardo il mondo che ci circonda?

La risposta di Sesto Empirico: sospendi tutte le convinzioni

Sesto Empirico, come altri scettici, concorda che molte convinzioni che abbiamo sul mondo non possono contare come conoscenza. Ma questo, egli dice, non è necessariamente negativo. Queste convinzioni sono la ragione per cui siamo agitati. Siamo preoccupati perché crediamo di non guadagnare abbastanza, o perché crediamo di non piacere al nostro capo, o perché siamo combattuti tra due convincimenti contrastanti. Pertanto, una volta che rinunciamo alle nostre convinzioni e non ci preoccupiamo più di esse, proveremo un senso di sollievo e di pace.

Più precisamente, gli scettici distinguevano tra due tipi di credenze: quelle che derivano dall'esperienza diretta e quelle che derivano dal giudizio. Ciò che sperimentiamo direttamente (ad esempio, "Ora sento dolore") non può essere messo in dubbio, poiché sappiamo con certezza cosa sentiamo. Ma i nostri giudizi (per esempio, "Il caldo provoca mal di testa") non sono evidenti, perché sono plausibilmente falsi e vanno evitati.

Così, attraverso la sospensione delle convinzioni (giudizi), un atto che gli scettici chiamavano epochè, la nostra mente raggiungere la quiete, o ciò che chiamavano Atarassia. In questo stato non ci preoccupiamo più di niente, perché non presupponiamo niente.

Come spiega Sesto Empirico, per convincere la mente a lasciare andare le proprie convinzioni, gli Scettici svilupparono una serie di argomentazioni volte a contrastare qualsiasi affermazione e dimostrare che il suo contrario è ugualmente convincente. Per esempio, contro il giudizio "fa caldo adesso" gli Scettici argomentavano che esso è basato sulla percezione umana, ma per alcuni animali amanti del calore fa freddo adesso. Questo significa che questo giudizio non può essere considerato come oggettivamente vero.

*Alcuni **concetti chiave** su cui riflettere:*

Contemplando

Gli scettici hanno ragione sul fatto che la sospensione delle nostre convinzioni può portare alla pace della mente?

Riflettiamo su questo argomento in modo meno estremo. Consideriamo la sospensione non di tutte le nostre convinzioni, ma soltanto di alcune di esse. Considera le situazioni in cui sei teso e ansioso, ed ogni tipo di preoccupazione passa per la tua mente e disturba la tua pace. Immagina che hai una tecnica che faccia sparire molte di queste convinzioni dalla tua mente. Aiuterebbe questo a tranquillizzarti? Più in generale, cosa farebbe la sospensione delle convinzioni al tuo stato d'animo?

1. Contemplazione testuale

Tieni a mente le domande di cui sopra mentre leggi con calma i seguenti passaggi, adattati dal libro di Sesto Empirico dal titolo "Linee di Pirronismo".[15]

> *Non appena lo scettico iniziò a filosofare, egli desiderò di fare una distinzione tra le idee e per comprendere quali di esse fossero vere e quali fossero false, allo scopo di trovare l'Atarassia. Egli incontrò, comunque, contraddizioni di uguale peso e non essendo in grado di giudicare, sospese il suo giudizio. E mentre il suo giudizio era in sospensione, l'Atarassia venne, come per caso, per questioni di opinione.*
>
> *Perché chi è dell'idea che ogni cosa sia buono o cattivo per natura, è sempre turbato. E quando non possiede queste cose che gli sembrano buone, pensa di essere tormentato dalle cose che sono cattive per natura, e persegue quelle che considera buone. Quando le acquisisce, comunque, egli cade in un tormento ancora più grande perché è eccitato oltre ragione e senza misura temendo che la sua situazione cambi e fa tutto ciò che è in suo potere per trattenere le cose che gli sembrano buone.*
>
> *Al contrario, chi è indeciso su quali siano le cose buone o cattive per natura non cerca né evita niente con tanto entusiasmo, e si trova quindi in uno stato di Atarassia.*

2. Contemplazione visiva

Come si può esprimere l'atteggiamento scettico in un disegno? Come è possibile illustrare il "non so" in forme su carta? Le linee sono decisamente più definite e chiare di ciò che è inconoscibile. Tuttavia, un disegno può darci lo spirito del dubbio e suggerire modi per comprenderlo non verbalmente.

3. Contemplazione tematica

Considera come la tua mente sia normalmente piena di idee ed opinioni. Se tu potessi liberarti di molti di esse, o almeno metterle a dormire, saresti una persona migliore e la tua vita sarebbe una vita migliore? In altre parole, la libertà dalle idee e dalle credenze (o almeno da molte di esse) è una cosa buona che dovremmo sforzarci di raggiungere?

Semi di contemplazione

Ecco alcuni semi di contemplazione che potresti trovare di aiuto come punti di partenza per la tua contemplazione:

a) L'immagine di **un tempio sacro**: Certi tipi di idee sono naturalmente necessari per sopravvivere: dove acquistare cibo, su quale lato della strada devi guidare, dove vivi, etc. Ma oltre questo minimo, ingombrare la mente con molte credenze e pensieri tende a impoverirli e banalizzarli. Nutrire un piccolo numero di pensieri e credenze dovrebbe farci realizzare che essi sono cose meravigliose, preziose e degne di essere assaporate. Noi dovremmo pensare alla nostra mente non come una macchina da lavoro, ma come un tempio sacro.

b) Il concetto di mente sana: così come il nostro corpo deve essere esercitato per mantenere il suo benessere, così deve anche la nostra mente. Alcuni psicologi ci dicono che la mente dovrebbe impegnarsi regolarmente in attività di pensiero, o altrimenti le sue capacità si deteriorano. Se questo è corretto o meno è una questione scientifica ma, filosoficamente parlando, il punto è che contrariamente all'approccio scettico, ciò che è più importante nella vita non è raggiungere una tranquillità libera da preoccupazioni, ma piuttosto sviluppare una mente attiva, curiosa e sana.

c) Il concetto della **virtù della semplicità**: quando ti impegni nel teorizzare a analizzare, tendi a diventare più sofisticato. L'essere sofisticati può essere un utile strumento per raggiungere alcuni obiettivi pratici, ma cambia anche chi sei. Come diventi più sofisticato, la tua attitudine verso gli altri e verso la vita cambia, e con essa cambia la tua personalità. Adesso sei diventato calcolatore, manipolativo, orientato allo scopo e perdi il tuo collegamento diretto con la tua vita e con il tuo mondo. La semplicità è, quindi, una virtù morale e, per raggiungerla, devi liberare la tua mente da un pensare eccessivo.

NOTE

Per facilitare la contemplazione, molte citazioni di questo libro sono state leggermente modificate, soprattutto per modernizzare la scelta di parole e la struttura delle frasi in stile antico. Inoltre, alcuni numeri dei frammenti sono stati modificati per adattarli alla numerazione comunemente usata oggi.

N.d.T.: Per facilitare la ricerca delle fonti da parte del lettore, come traduttore ho scelto di lasciare i titoli dei volumi in originale, e così la sequenza metodologica delle citazioni. Ho scelto, tuttavia, di mettere tra parentesi subito dopo il titolo inglese la traduzione italiana. Le versioni pubblicate in italiano sono innumerevoli e facilmente reperibili, per cui non ho inteso proporne.

---

1. Adattato da: Burnet, John. *Early Greek Philosophy (La prima filosofia greca)*. 2nd ed. London, Adam and Charles Black, 1908, pp. 197-199.

2. Adattato da: Leonard, William Ellery. *The Fragments of Empedocles (I frammenti di Empedocle)*. Chicago, The Open Court Publishing Company, 1908, pp. 21-25.

3. Adattato da: Burnet, John. *Early Greek Philosophy (La prima filosofia greca)*. 2nd ed. London, Adam and Charles Black, 1908, p. 301.

4. Adattato da: Bakewell, Charles M. *Source Book in Ancient Philosophy (Sourcebook nella filosofia antica)*. 2nd ed., New York, Charles Scribner's Sons, 1909, p. 60.

5. Aristotle, *De Anima*, 1-2. Ibid., p. 65. Adattato da: Ross, W. D. and Smith, J. A. *The Works of Aristotle (Opere di Aristotele)*, Vol. 3. Oxford, Clarendon Press, 1910.

6. Adattato da Diogenes Laertius. *The Lives and Opinions of Eminente Philosophiers* (Le vite e le opinioni di eminenti filosofi), libro 9, capitolo 8. Adattato dalla traduzione di C.D.Yonge, London, G. Bell and Sons, 1915, pp. 399.

7. Ibid., pp. 397-398.

8. Platone, *l'Apologia*, 29, 38. Adattato da: Long, George. *The Apology, Phaedo and Crito of Plato* (L'Apologia, Fedone e Critone di Platone). New York, P.F. Collier, 1909, pp. 16-25.

9. Platone, *Il simposio*, 211, b-c. Adattato da: *The Dialogues of Plato* (I dialoghi di Platone). Tradotto da Benjamin Jowett, Oxford, Clarendon Press, 18715, Vol 2 pp. 61-62.

10. Adattato da: Hicks, Robert Drew. *Stoic and Epicurean* (Stoico ed epicureo). New York, Scribner, 1910, pp. 170-171.

11. Marco Aurelio, *Le meditazioni*, libro 2, 17; libro 12, 3. Adattato da: Long, George. *The Meditations of Marcus Aurelius* (Le meditazioni di Marco Aurelio). London, Blackie & Sons, 1910, p. 20; Libro 12,p. 167-168.

12. Porfirio, *Life of Plotinus* (Vita di Plotino), 2. Adattato da: Mackenna, Stephen. *The Essence of Plotinus: Extracts from the Six Enneads and Porphyry's Life of Plotinus* (L'essenza di Plotino: estratti dalle sei enneadi e dalla vita di Plotino di Porfirio). New York, Oxford University Press, 1934, p. 3.

13. Porphyry, *Life of Plotinus* (Vita di Porfirio), 23. Ibid, p. 20.

14. Plotino, *Enneade* 4, trattato 8: 1, 4. Adattato da: Ibid, pp. 146-149.

15. Adattato da: Patrick, Mary Mills. *Sextus Empiricus and Greek Scepticism*. Cambridge, Deighton Bell, 1899, p. 110.

www.ingramcontent.com/pod-product-compliance
Lightning Source LLC
Chambersburg PA
CBHW062033120526
44592CB00036B/2061